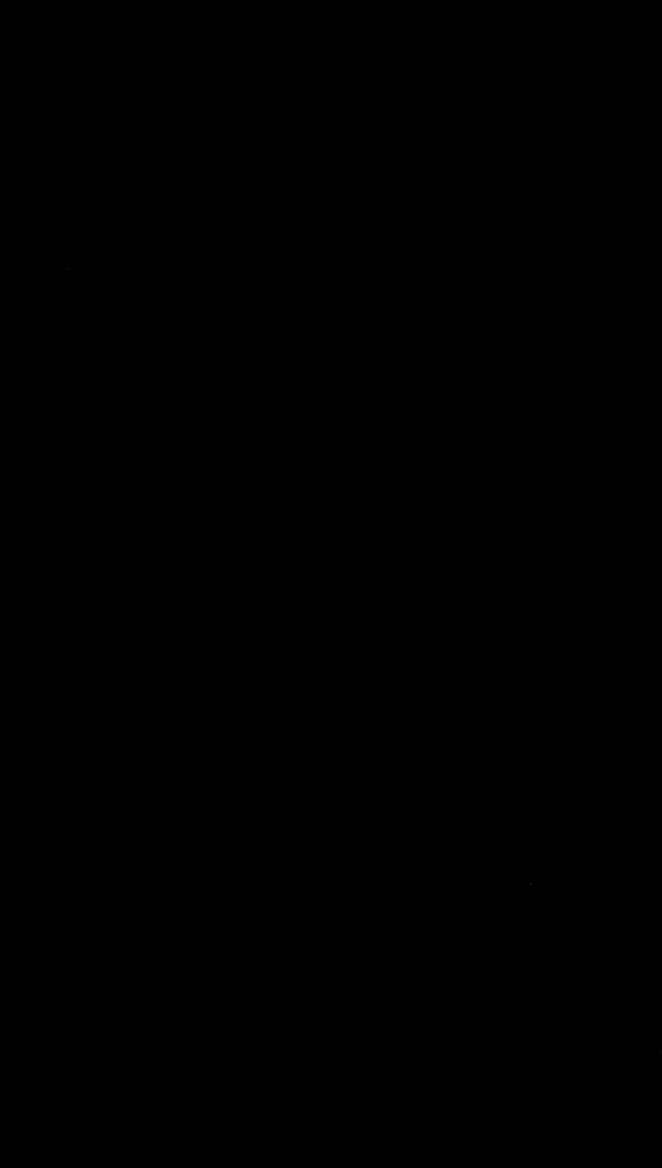

Über den Tod

Poetisches
und Philosophisches
von Homer, Boccaccio,
Erasmus, Montaigne
und anderen

Diogenes

Die Erstausgabe
erschien 2003 im Diogenes Verlag
Ein Nachweis der
einzelnen Texte findet sich
am Schluss des Bandes
Covermotiv:
Cover Artwork by David Hockney
›Red Wire Plant‹ 1998
Etching
Edition of 35
30 ½ × 36"
Copyright © David Hockney
Photo Credit: Richard Schmidt

Veröffentlicht als Diogenes Taschenbuch, 2008
Alle Rechte an dieser Ausgabe und Auswahl vorbehalten
Copyright © 2003, 2008
Diogenes Verlag AG Zürich
www.diogenes.ch
40/17/852/1
ISBN 978 3 257 06999 0

Der Tod bleibt sich immer gleich,
doch jeder Mensch
stirbt seinen eigenen Tod.
Carson McCullers

Vielleicht ist die wesentlichste
Geschichte des Menschen als eine
Geschichte seiner Wiegenlieder
gegen den Tod zu schreiben.
Ludwig Marcuse

Inhalt

URS WIDMER

Die heiteren Toten

Man sagt, dass jeder Mensch ab seinem, sagen wir, vierzehnten Lebensjahr bis weit über sein fünfundachtzigstes hinaus einmal am Tag an die Liebe denkt und das, was man in ihr tut, und an den Tod. Jede und jeder, jeden Tag. Liebe und Tod. Bei mir stimmt der Befund. Beziehungsweise, was heißt hier *einmal*! Nahezu ständig und fast immer!

Die Liebe überlassen wir Berufeneren. Zu ihr nur so viel. Es ist schon eine großartige Leistung der Schöpfung, dass sie es geschafft hat, uns mit einem solch wirkungsvollen Gemisch aus Erregung und Vergesslichkeit zu munitionieren, dass wir uns immer erneut daran machen, jenem Rätsel auf die Spur zu kommen, das wir doch schon ungezählte Male gelöst haben. Als sei es das erste Mal. Und tatsächlich ist das, was wir finden, jedes Mal erregend neu, obwohl es, wären wir zu nüchterner Betrachtung fähig, dem Befund von gestern ziemlich gliche. Zum Glück sind wir, wenn wir lieben, nicht nüchtern.

Der Tod, natürlich, ist ein weit größeres Rätsel. Mit ihm haben wir, anders als beim Schöpfungsakt, naturgemäß keine praktische Erfahrung. Man stirbt nur einmal, das dafür mit Garantie. Der Tod bleibt *der* Skandal allen Lebens. Nichts, nichts, nichts ist unverstehbarer als der Tod.

Die meisten von uns machen eines Tages – in fortgeschrittenem Alter oft, und durchaus überrumpelt – die Erfahrung, dass wir Menschen erst erwachsen werden, unheilbar erwachsen, wenn Vater und Mutter tot sind. Wenn niemand mehr vor uns geht; kein Lebender jedenfalls. Wenn wir plötzlich selber der Anführer jener unabsehbar langen Säumerkolonne sind, die seit ewig durch die Jahrhunderte wandert und deine Familie ist. Dein Klan. Hinter dir gehen die Lebenden, vor dir die Toten. Die Lebenden, die hinter dir, siehst du nicht mehr so deutlich wie zuvor, sie gehen ja hinter dir, und du schaust nach vorn, und zudem sind die aus der Enkelgeneration schon recht weit hinten. Die Toten dafür erkennst du immer besser, diesen sich am Horizont verlierenden Schattenzug aus Vorfahren, lebendig einmal auch sie.

Seltsam, dass der Tod – sogar und gerade der Tod Naher – für die Überlebenden zuweilen nicht nur Trauer bringt, sondern auch Erleichterung. Befreiung. Natürlich, die nahen Geliebten, ihr Tod hinterlässt eine leere Welt, die nur schwer wieder zu bevölkern ist. Aber jene Toten, die als Lebende, obwohl uns nah, durchaus auch pestig und eine Last waren! Wir versöhnen uns mit ihnen, jedes Jahr mehr, und wenn wir ihnen heute in unseren Tag- und Nachtträumen begegnen, ist das Zusammentreffen oft geradezu eine Freude. Tante M., wie sie bei allen Beerdigungen darauf bestand, eine Arie von Bach zu singen – immer die gleiche –, und wie grausam falsch sie es dann tat. Onkel H., als er vom Balkon stürzte – das war dann auch sein Tod –, weil er geträumt hatte, er sei wieder in Argentinien, wie in seiner Jugend, und springe auf ein Pferd. Die Mutter meines Vaters, die ihren Sohn so sehr einschüchterte, dass er sich, bei unsern gemeinsamen Besuchen, hinter *seinem* Sohn versteckte, hinter mir, obwohl er so groß wie ein Kasten und ich klein wie ein Taschentuch war. Onkel E., der an *einem* Tag fünf Autos kaufte und drauf bestand, dass *ich* von einem Psychologen untersucht würde. Oder meine drei frommen Tanten, die, als in ihrem Dorf ein neuer Pfarrer gewählt wurde, der ihnen nicht passte, eine Sekte gründeten. Die erste predigte, die zweite spielte das Harmonium, und die dritte war das Glaubensvolk.

Sie, und manche andere, waren *live* nicht nur herzig und liebenswürdig. Sie waren, für sich und uns, oft schwer zu ertragen. Aber sie haben sich, im Dunkel des Totseins, gut erholt und winken mir heiter zu. Es geht ihnen prächtig. Ich glaube, sie sind *gern* tot. Auch ich winke dann verstohlen, so dass die hinter mir Gehenden es nicht sehen, und lächle.

Nur jene, über deren Leben und Tod so viel Entsetzen liegt, dass es durch die Zeit nicht abbaubar erscheint, bleiben als Wiedergänger irgendwo verborgen, unversöhnt, tauchen unvermutet auf und verschwinden ebenso jäh wieder, in ihren schwarzen Gewändern, mit ihren weißen, zerrissenen Gesichtern.

Wer im Jenseits ist

Der Tod steht mir heute so verlockend vor Augen
wie die Genesung von einer Krankheit.
Wie der erste Gang ins Freie nach dem Siechtum.

Der Tod steht mir heute so vor Augen
wie der Duft von Myrrhen.
Wie wenn man unter dem Sonnensegel sitzt an einem
    windigen Tag.

Der Tod steht mir heute so vor Augen
wie der Duft der Lotosblumen.
Wie wenn man am Ufer der Trunkenheit sitzt.

Der Tod steht mir heute so vor Augen
wie das Ende des Regens,
wie wenn ein Mann vom Feldzug nach Hause
    zurückkehrt.

Der Tod steht mir heute so vor Augen
wie das Aufklaren des Himmels.
Wie wenn ein Mann die Lösung eines Rätsels findet,
    die er gesucht hat.

Der Tod steht mir heute so vor Augen
wie wenn man sich sehnt, die Heimat wiederzusehen.
Nachdem man lange Jahre in Gefangenschaft
　　verbracht hat.

Wahrhaftig, wer im Jenseits ist,
wird ein lebender Gott sein
und die Sünde strafen an dem, der sie tut.

Wer im Jenseits ist,
der wird wahrhaftig im Sonnenschiff stehen
und wird das Erlesenste daraus an die Tempel
　　austeilen lassen.

Wer im Jenseits ist,
wird ein Weiser sein, für den es keine Schranke gibt.
Und er wird bei Re Gehör finden, sooft er spricht.

(ca. 2100–1800 v. Chr.)

DER PREDIGER SALOMO

Alles Irdische ist eitel

Es ist alles ganz eitel, sprach der Prediger, es ist alles ganz eitel.

Was hat der Mensch für Gewinn von all seiner Mühe, die er hat unter der Sonne?

Ein Geschlecht vergeht, das andere kommt; die Erde aber bleibt immer bestehen.

Die Sonne geht auf und geht unter und läuft an ihren Ort, dass sie dort wieder aufgehe.

Der Wind geht nach Süden und dreht sich nach Norden und wieder herum an den Ort, wo er anfing.

Alle Wasser laufen ins Meer, doch wird das Meer nicht voller; an den Ort, dahin sie fließen, fließen sie immer wieder.

Alles Reden ist so voll Mühe, dass niemand damit zu Ende kommt. Das Auge sieht sich niemals satt, und das Ohr hört sich niemals satt.

Was geschehen ist, eben das wird hernach sein. Was man getan hat, eben das tut man hernach wieder, und es geschieht nichts Neues unter der Sonne.

Geschieht etwas, von dem man sagen könnte: »Sieh, das ist neu«? Es ist längst vorher auch geschehen in den Zeiten, die vor uns gewesen sind.

Man gedenkt derer nicht, die früher gewesen sind,

und derer, die hernach kommen; man wird auch ihrer nicht gedenken bei denen, die noch später sein werden.

Alles hat seine Zeit

Ein jegliches hat seine Zeit, und alles Vorhaben unter dem Himmel hat seine Stunde:

geboren werden hat seine Zeit, sterben hat seine Zeit; pflanzen hat seine Zeit, ausreißen, was gepflanzt ist, hat seine Zeit;

töten hat seine Zeit, heilen hat seine Zeit; abbrechen hat seine Zeit, bauen hat seine Zeit;

weinen hat seine Zeit, lachen hat seine Zeit; klagen hat seine Zeit, tanzen hat seine Zeit;

Steine wegwerfen hat seine Zeit, Steine sammeln hat seine Zeit; herzen hat seine Zeit, aufhören zu herzen hat seine Zeit;

suchen hat seine Zeit, verlieren hat seine Zeit; behalten hat seine Zeit, wegwerfen hat seine Zeit;

zerreißen hat seine Zeit, zunähen hat seine Zeit; schweigen hat seine Zeit, reden hat seine Zeit;

lieben hat seine Zeit, hassen hat seine Zeit; Streit hat seine Zeit, Friede hat seine Zeit.

Man mühe sich ab, wie man will, so hat man keinen Gewinn davon.

Ich sah die Arbeit, die Gott den Menschen gegeben hat, dass sie sich damit plagen.

Er hat alles schön gemacht zu seiner Zeit, auch hat

er die Ewigkeit in ihr Herz gelegt; nur dass der Mensch nicht ergründen kann das Werk, das Gott tut, weder Anfang noch Ende.

Vergänglichkeit des Menschen

Denn es geht dem Menschen so wie dem Vieh: wie dies stirbt, so stirbt auch er, und sie haben alle *einen* Odem, und der Mensch hat nichts voraus vor dem Vieh; denn es ist alles eitel.

Es fährt alles an *einen* Ort. Es ist alles aus Staub geworden und wird wieder zu Staub.

Wer weiß, ob der Odem der Menschen aufwärtsfahre und der Odem des Viehes hinab unter die Erde fahre?

So sah ich denn, dass nichts Besseres ist, als dass ein Mensch fröhlich sei in seiner Arbeit; denn das ist sein Teil. Denn wer will ihn dahin bringen, dass er sehe, was nach ihm geschehen wird?

HOMER

Odyssee

Also sprach ich; mir gab die treffliche Mutter zur
    Antwort:
Mein geliebtester Sohn, unglücklichster aller, die
    leben!
Ach!, sie täuschet dich nicht, Zeus' Tochter Perse-
    phoneia!
Sondern dies ist das Los der Menschen, wann sie
    gestorben.
Denn nicht Fleisch und Gebein wird mehr durch
    Nerven verbunden,
Sondern die große Gewalt der brennenden Flamme
    verzehret
Alles, sobald der Geist die weißen Gebeine verlassen.
Und die Seele entfliegt, wie ein Traum, zu den
    Schatten der Tiefe.
Aber nun eile geschwinde zum Lichte zurück; und
    behalte
Alles, damit du es einst der lieben Gattin erzählest.

Hingestorben wirst du liegen

Hingestorben wirst du liegen, und nie wird
   Erinnerung an dich
sein, nach dir kein Sehnen später: Nicht hast du teil
   an den Rosen
aus Pierien, nein, unbemerkt auch in des Hades Haus
   wandelst du unter dämmerumflorten Toten,
   fortgeflattert.

PLATON

Die Apologie des Sokrates

Wir wollen uns aber auch auf folgende Weise zu Gemüt führen, wie viele Hoffnung da ist, dass Sterben etwas Gutes sei: Eins von beiden muss der Tod sein: entweder er ist wie ein Nichts-Sein, und der Gestorbene hat keine Empfindung weiter von irgendetwas, oder, nach der gewöhnlichen Annahme, ist er eine Verwandlung und eine Versetzung der Seele aus diesem in einen andern Ort. Ist er nun »keine Empfindung weiter«, sondern gleichsam ein Schlaf, in dem der Schlafende nicht einmal einen Traum sieht, so wäre der Tod ein überschwenglicher Gewinn. Denn ich glaube wirklich, wenn einer eine solche Nacht nimmt, darin er so fest geschlafen, dass er auch keinen Traum gesehen hat, und alle andren Nächte und Tage seines Lebens mit dieser Nacht vergleicht, und denn aufrichtig sagen sollte, wie viele Tage und Nächte er in seinem Leben besser und angenehmer zugebracht habe als diese Nacht, ich glaube wirklich, dass nicht bloß ein Privatmann, sondern der Großkönig diese gegen die andern Tage und Nächte leicht würde zählen können. Wenn also der Tod so etwas ist, so nenne ich ihn einen Gewinn; und alle Zeit vor uns scheint auf diese Weise nur *eine* lange Nacht zu sein. Wenn aber der Tod ein

Auswandern ist, aus diesem nach einem andern Ort, und es ist wahr, was gesagt wird, dass alle, die gestorben sind, sich dort befinden, welche Glückseligkeit könnte größer sein als diese, Ihr Richter! Denn wenn ein Abgeschiedener für die sogenannten Richter, die er hier verlassen hat, die wahrhaftigen Richter findet, die dort richten sollen, den Minos und Rhadamanthys und Aeacus und Triptolemus und die andern Halbgötter, so viele ihrer in ihrem Leben gerecht gewesen sind, wäre diese Auswanderung so übel? Was würde mancher von Euch nicht darum geben, wenn er mit Orpheus und Musäus und mit Hesiodus und mit Homer sprechen und umgehen könnte. Ich, wahrlich, will mehr als einmal sterben, wenn das wahr ist. Mir, für meinen Teil, wäre es ein gar herrliches und erwünschtes Leben dort, wenn ich mit dem Palamedes und dem Ajax, Telamons Sohn, und wenn sonst einer von den Alten durch ungerechtes Urteil sein Leben verloren hat, an einen Ort zusammenkäme. Mein Schicksal mit dem ihrigen zu vergleichen müsste schon sehr angenehm sein. Aber die Hauptsache wäre immer: die dort, wie die hier, zu forschen und zu prüfen, wer von ihnen weise ist, und wer es sich dünkt, aber nicht ist. Was würde nicht mancher darum geben, Ihr Richter, den großen Belagerer von Troja näher zu verkundschaften oder den Ulysses oder Sisyphus – oder andere tausende könnte man nennen, Männer und Weiber, mit denen zu sprechen und umzugehen und sich zu befragen das größte Glück von der Welt wäre. Und um des willen bringen die dort nicht ums Leben; denn wie die dort überhaupt viel glücklicher sind als die hier, so auch darin, dass sie für die Zukunft unsterblich sind, wenn nämlich was gesagt wird wahr ist. So müsst auch Ihr denn allen guten Mut zum Tode haben, Ihr Männer und Richter, und dies eine haltet fest und ungezweifelt im Herzen: dass dem guten Mann kein Böses begegnet, weder im Leben noch im Tode; die Augen der Götter stehen unverwandt über ihn und seine Schicksale offen. Auch mir ist dies dahier nicht von ohngefähr widerfahren, sondern ich weiß gewiss, dass itzo zu sterben und der Plackerei ledig zu werden, besser für mich gewesen ist; deswegen hat mich auch das Zeichen in keinem Stück abgehalten, und ich habe mit meinen Verurteilern und Anklägern nicht groß zu zürnen. Zwar sie haben in *der* Absicht mich nicht verurteilt und angeklagt; sondern sie gedachten mir zu schaden und verdienen deswegen allerdings getadelt zu werden. Das nur bitte ich sie noch: Wenn meine Söhne heranwachsen und sie Euch, Ihr Männer, nach Reichtum oder sonst etwas mehr als nach Tugend zu streben scheinen, so züchtiget sie und tut ihnen wehe, wie ich Euch wehe getan habe; und wenn sie sich dünken etwas zu sein da sie nichts sind, scheltet sie, wie ich Euch gescholten habe, weil sie nicht sorgen warum man sorgen muss, und weil sie etwas zu sein glauben da sie nichts wert sind. Wenn Ihr das tut, so werdet Ihr tun was recht ist an mir und an meinen Kindern auch. Aber es ist Zeit von hier zu gehen, für mich zu sterben und für Euch zu leben; wer von uns zum Bessern kommt, das weiß niemand als der Gott allein.

Aus einem Brief an Menoikeus

Gewöhne Dich an den Gedanken, dass der Tod für uns keine Bedeutung hat, da ja alles Gute und Schlechte eine Frage der Wahrnehmung ist. Der Tod aber ist die Beraubung der Wahrnehmung. Diese richtige Erkenntnis, nämlich dass der Tod für uns keine Bedeutung hat, macht die Vergänglichkeit des Lebens zu einem Genuss, nicht etwa weil diese Erkenntnis dem Leben unendliche Zeit hinzufügen würde, sondern weil sie das Verlangen nach Unsterblichkeit beseitigt. Es gibt nichts Schreckliches im Leben für jemanden, der wirklich weiß, dass nichts Schreckliches daran ist, nicht zu leben. Wer aber erklärt, er fürchte den Tod, nicht weil er schmerzen wird, wenn er eintritt, sondern weil er dadurch schmerzt, dass er eintreten wird, der redet Unsinn. Denn was nicht belastend ist, wenn es eintritt, schmerzt grundlos, wenn es erwartet wird. So hat also das schauderhafteste Übel, der Tod, für uns keine Bedeutung, da ja, solange wir leben, der Tod nicht anwesend ist, sobald aber der Tod eintritt, wir nicht mehr leben werden. Er hat folglich weder für die Lebenden noch für die Verstorbenen eine Bedeutung, da er die einen nicht betrifft, die anderen aber nicht mehr leben. Die Mehrheit aber flieht bald den Tod wie das größte aller Übel, bald sehnt sie sich nach ihm wie nach einer Erholung vom beschwerlichen Leben. Der Weise dagegen fleht nicht um Leben und fürchtet sich ebenso wenig, nicht zu leben. Denn für ihn ist das Leben nicht voller Hindernisse, und er glaubt auch nicht, nicht zu leben sei etwas Schlimmes. Wie er beim Brot nicht das allergrößte, sondern das süßeste auswählt, so entscheidet er sich auch bei der Zeit nicht für die längste, sondern für die angenehmste. Wer aber predigt, der junge Mensch müsse gut leben, der alte seinerseits gut sterben, ist einfältig, und zwar nicht nur, weil das Leben angenehm ist, sondern auch, weil es das Gleiche ist, sich um ein gutes Leben und ein gutes Sterben zu bemühen.

CICERO

Scipios Traum

Aber damit du umso feueriger bist, Africanus, das
Gemeinwesen zu schützen, sollst du so glauben:
allen, die die Heimat bewahren, ihr geholfen, sie geför-
dert haben, ist ein fester Platz im Himmel bestimmt,
dort selig ein ewiges Leben zu genießen. Nichts nämlich ist jenem Götterfürsten, der die ganze Welt lenkt,
wenigstens soweit es auf Erden geschieht, willkomme-
ner als die Versammlungen und Gemeinschaften von
Menschen, die durchs Recht geeint sind, die man Staa-
ten nennt; ihre Lenker und Bewahrer kehren, nachdem sie von hier aufgebrochen sind, dorthin zurück.«

Hier fragte ich, wenn ich auch erst erschreckt war,
nicht so sehr durch die Furcht vor dem Tode als vor
den Nachstellungen vonseiten der Meinen, danach, ob
er selbst lebe und mein Vater Paulus und andere, die
wir erloschen wähnten. »Freilich«, sagte er, »*die* leben,
die aus den Fesseln der Körper gleich wie aus einem
Kerker entflohen sind, euer sogenanntes Leben aber
ist der Tod. Warum schaust du nicht auf deinen Vater
Paulus, der zu dir kommt?« Als ich den sah, vergoss
ich einen Strom Tränen, jener aber umfing mich, und
mich küssend hinderte er mich zu weinen.

Und ich sage, als ich das Weinen unterdrückt und

wieder sprechen zu können begonnen hatte: »Ich bitte dich, heiligster und bester Vater, da ja dies das Leben ist, wie ich Africanus sagen höre, was verweile ich mich auf Erden? Warum eile ich nicht, hierher zu euch zu kommen?«

»So ist es nicht«, sagte jener. »Außer nämlich, wenn der Gott, dessen Tempel das All ist, das du schaust, aus diesem Kerker des Körpers dich befreit, kann dir der Zugang hierher nicht offen stehen. Die Menschen nämlich sind unter *dem* Gesetz gezeugt, dass sie jenen Ball, den du in diesem Tempel in der Mitte siehst, Erde genannt, schützen sollen, und es ist ihnen Geist gegeben aus jenen ewigen Feuern, die ihr Gestirne und Sterne heißt, die kugelförmig und rund mit göttlichem Geist beseelt, ihre Kreise und Bahnen mit wunderbarer Schnelligkeit erfüllen. Daher müsst ihr, Publius und alle Frommen, den Geist in dem Kerker des Körpers zurückhalten und dürft nicht ohne Geheiß dessen, von dem er euch gegeben wurde, aus dem Leben der Menschen gehen, damit ihr nicht die menschliche Aufgabe, die euch von Gott bestimmt wurde, zu fliehen scheint.

Aber so, Scipio, wie dieser dein Großvater, wie ich, der ich dich gezeugt, übe Gerechtigkeit und fromme Liebe, die etwas Großes bei Eltern und Verwandten, beim Vaterland das Allergrößte ist. Dieses Leben ist der Weg zum Himmel, in diesen Kreis hier derer, die schon gelebt haben und vom Körper gelöst jenen Ort bewohnen, den du siehst – es war dies aber ein Kreis zwischen den Flammen in strahlendstem Schimmer erglänzend –, den ihr, wie ihr es von den Griechen vernommen, Milchstraße nennt.«

Worauf ich mir alles betrachtete und das Übrige herrlich und wunderbar schien. Es waren aber die Sterne, die wir nie von diesem Ort aus gesehen haben, und alle von der Größe, wie wir es nie vermutet. Von ihnen aus war der der kleinste, der als Letzter vom Himmel aus gesehen, als Nächster von der Erde aus, in fremdem Lichte leuchtete. Die Kugeln der Sterne aber übertrafen leicht die Größe der Erde. Die Erde gar selber erschien mir so klein, dass es mich unseres Reiches, mit dem wir gleichsam nur einen Punkt von ihr anrühren, reute …

Als er all das gesagt hatte, sagte ich: »Ich aber will, Africanus, wofern ums Vaterland wohlverdienten Männern eine Straße zum Tor des Himmels offensteht, obwohl ich von Kindheit an in die Spuren des Vaters und die deinen trat und eurem Glanz nicht fehlte, jetzt, wo ein so hoher Lohn ausgesetzt ist, noch viel wachsamer mich bemühen.« Und jener sagte: »Du bemühe dich und halte das fest: Nicht du bist sterblich, sondern dein Körper hier, denn du bist nicht der, den diese Form anzeigt, sondern der Geist eines jeden, das ist er, nicht die Gestalt, die mit den Fingern gezeigt werden kann. Wisse also, dass du Gott bist, wofern Gott ist, was lebt, was empfindet, was sich erinnert, was vorausschaut, was den Körper so lenkt, leitet und bewegt, an dessen Spitze er gesetzt ist, wie jener fürstliche Gott dies All hier; und wie das All, das zu gewissem Teile sterblich ist, der ewige Gott selber, so bewegt diesen gebrechlichen Körper der ewige Geist. Denn was sich immer bewegt, ist ewig; wer aber einem Bewegung bringt und was selber von irgendwoher getrieben wird, muss notwendig, da es ein Ende der Bewegung hat, auch ein Ende des Lebens haben. Allein das also, was sich selbst bewegt, hört, weil es nie von sich im Stich gelassen wird, nie auf, sich zu bewegen; ja auch dem Übrigen, das bewegt wird, ist dies der Quell, dies der Ursprung der Bewegung. Für einen Ursprung aber gibt es kein Entstehen; denn aus dem Ursprung entsteht alles, selber aber kann er aus keiner anderen Sache entstehen; wäre es doch kein Ursprung, was anderswoher entstünde; wenn es aber niemals entsteht, geht es auch niemals zugrunde. Denn ein erloschener Ursprung wird weder selber von einem anderen wiedergeboren werden, noch wird er einen anderen aus sich selbst heraus schaffen, wofern es nötig ist, dass alles aus dem Ursprung entstehe. So kommt es, dass der Ursprung der Bewegung aus dem stammt, was sich selbst von sich aus bewegt: das aber kann weder geboren werden noch sterben; oder es würde der ganze Himmel mit Notwendigkeit zusammenstürzen und die ganze Natur, und sie würde zum Stillstand kommen und würde keine Kraft finden, von der sie am Anfang angestoßen würde.

Da also am Tage liegt, dass ewig das ist, was sich selbst bewegt: wen gibt es da, der bestritte, dass dies Wesen der Seele zugewiesen ist? …

VERGIL

Aeneis

Da schaut Äneas einen grünen Hain,
Der träumerisch in stillem Frieden ruht;
Vergessen hauchend, küsst der Lethe Flut
Des Waldes Saum, bestrahlt von ros'gem Schein.
Der Strom umschwärmt der Schatten dichte Menge –
Wie Bienenvolk, das gern am Sommertag
Der Lilien Blütenkelche in dem Hag
Umschwebt mit leise summendem Gedränge. –
Und als Äneas staunt ob der Erscheinung,
Gibt ihm des Vaters Schatten den Bescheid:
»Die Geister siehst du, Sohn, hier in Vereinung,
Die einem zweiten Leben sind geweiht!

Wer Lethefluten schlürft, dem ist fortan
Durch diesen Trank ein wunschlos süßer Frieden
Und selige Vergessenheit beschieden
Nach all des Erdenlebens irrem Wahn.
Mein eigen Volk siehst du in diesen Bildern.
Die Enkel lass mich zeigen dir und schildern,
Dass meinen Stolz du, meine Freude teilest,
Wenn du als Herrscher einst im Westland weilest!«

»Ist's wahr? Der Hades hält die Seelen nicht?
Sie dürfen wiederum von hinnen scheiden
Zur frohen Oberwelt, zum Himmelslicht?
Sie dürfen neu mit Körpern sich umkleiden?
Welch überstarker Drang zum lichten Tage
Schwellt diese unglücksel'ge Geisterschar?« –
»So hör«, erwidert er, »dass ich dir's sage
Und das Geheimnis mache offenbar.

Im Anfang sprach der Weltengeist sein Werde!
Er schuf den Sterblichen die schöne Erde,
Aus seinem Glanz erstand der Himmelsdom;
Das Meer schuf er, den Mond, den Sonnenball.
Gewaltig wogt durchs ungeheure All
Zur fernsten Ferne hin sein Feuerstrom,
Sein Wesen ist urkräftige Bewegung,
Im Sein und Werden spürst du seine Regung.

Die Menschen, die die weite Erde hegt,
Des Waldes Tiere und der Vögel Brut
Und was sich wimmelnd, ungestaltet regt
Im Schoße der kristallnen Meeresflut –
Die Schöpfung ist sein Werk, und die Natur
Weist allerorten des Erzeugers Spur.
In allen Wesen, die vom Himmel stammen,
Glüht noch ein Funke jener Himmelsflammen.

Doch als der Gott den Erdenleib erwählte,
Der Feuergeist dem Stoffe sich vermählte,
Da zog er mit dem erdgeschaffnen Kleid
Auch selber Schwachheit an und Tod und Leid.
Das ist der Urquell eures steten Bangens,
Des stolzen Jubels, schmerzlichen Verlangens:
In Kerkerhaft, im Dunstmeer schwer und dicht
Erkennt der Geist den hohen Ursprung nicht.

Und wenn beim allerletzten Lebenshauch
Der Blick des armen Erdensohnes bricht,
Weicht nicht im Augenblick die Schwäche auch,
Aus seinem Wesen die Befleckung nicht.
Was je in deine Seele drang vom Bösen,
Davon vermag der Tod dich nicht zu lösen;
Was du in deinem Leben je verbrochen,
Wird drunten in dem Tartarus gerochen.

Die spannt und reckt man aus zum Spiel den Winden,
Die andern spült des Wassers wilde Flut,
Die dritten brennen in der Feuersglut:
Die Strafart wirst du gleich der Sünde finden.
Sind nun die Seelen lang genug gepeinigt,
Von jedem Fleck geläutert und gereinigt,
So ziehen sie – die Zahl ist immer klein –
In des Elysiums Gefilde ein.

Hier schweben sie in leichtem Ätherhauch.
Sinkt ein Jahrtausend dann im Strom der Zeiten
Aufs Neue in das Meer der Ewigkeiten,
Dann dringt des Gottes Ruf zu ihnen auch.
Er ruft sie zu des Lethestroms Gestaden,
Damit in seiner Flut sie jung sich baden,
Frei von Erinnrungsqualen sich erheben,
Zur Oberwelt in neue Körper streben.«

Bereite dich auf den Tod vor

Kürzlich schrieb ich dir, es sei mir zum Bewusst-sein gekommen, wie alt ich geworden bin. Jetzt glaube ich fast, ich habe schon das Greisenalter hinter mir gelassen. Diese Jahre und dieser Körperzustand verdienen schon eine andere Bezeichnung. Denn auch das Greisenalter ist nur ein Zustand der Erschlaffung, nicht des völligen Niederbruchs. Mich aber musst du jetzt zu den Gebrechlichen rechnen, die am äußersten Ende angelangt sind. Doch habe ich mich nicht zu be-klagen. Geistig spüre ich noch keine Ausfallserschei-nungen, wie sehr ich auch die körperlichen Schäden des Alters empfinde. Nur meine Fehler und die Werk-zeuge meiner Fehler sind alt geworden. Meine geistige Kraft aber ist ungebrochen, und ich freue mich, nicht mehr viel mit dem Körper zu schaffen zu haben. Mein geistiges Wesen hat einen großen Teil seiner Last abge-legt. Es ist froh und diskutiert mit mir über den Wert des Greisenalters: das Alter sei die Blütezeit des Geis-tes. Glauben wir dieser Behauptung. Möge diese schöne Zeit recht angewendet werden.

Hierdurch fühle ich mich veranlasst, darüber nach-zudenken und zu untersuchen, was ich von dieser Ruhe und Leidenschaftslosigkeit meines sittlichen

Verhaltens der Weisheit verdanke und was dem Alter. Ich suche sorgsam zu ergründen, was ich nicht mehr tun kann und was ich nicht mehr tun will.

»Es ist aber ein unangenehmes Gefühl« – meinst du –, »die Abnahme der eigenen Kräfte zu beobachten, dem Tod ins Auge zu sehen und – um das Ding beim rechten Namen zu nennen – zu verwesen. Werden wir doch nicht mit einem Schlage umgeworfen und niedergestreckt, sondern nach und nach geschwächt. Jeder Tag nimmt uns etwas von unseren Kräften.« Es ist aber doch ein schönes Ende, allmählich mit der natürlichen Auflösung zu erlöschen. Zwar ist auch das schlagartige und plötzliche Lebensende nichts Schlimmes, das geräuschlose Abtreten hat jedoch den Vorzug, dass es so sanft geschieht. Ich beobachte mich, als käme, wie eine Art Bewährungsprobe, der Tag, der über alle meine Jahre das Urteil sprechen wird, und ich sage mir: Ohne Bedeutung ist, was ich bisher mit Wort und Tat geleistet habe. Das sind nur schwache und trügerische Beweise meiner Gesinnung, die ich in prunkvolle Worte kleide. Meinen Fortschritten kann ich erst im Angesicht des Todes Glauben schenken. Furchtlos bereite ich mich daher auf den Tag vor, wo ich ohne viele Worte ungeschminkt über mich werde urteilen können, ob ich nur tapfere Worte machte oder wirklich so empfand, ob es nur Verstellung und Komödie war, was ich an trotzigen Worten gegen das Schicksal schleuderte. Lass das Urteil der Menschen unberücksichtigt, es wird immer zweifelhaft sein. Lass auch die wissenschaftlichen Studien außer Acht, die du dein ganzes Leben lang betrieben hast: Der Tod wird über dich das Urteil sprechen. Ich behaupte: Erörterungen und gelehrte Gespräche, Sprüche, die wir uns aus den Vorschriften weiser Männer zusammensuchen, und ein gepflegter Vortrag sind noch kein Beweis für wahre Gesinnungsstärke. Denn mit Worten sind auch die größten Feiglinge tapfer. Was du zuwege gebracht hast, wird offenbar werden, wenn es ans Sterben geht. Ich nehme diese Bedingung an, ich fürchte den Urteilsspruch nicht.

So spreche ich mit mir, aber auch du magst dich von diesem Wort angesprochen fühlen. Zwar bist du jünger, aber was macht das aus? Unsere Jahre werden nicht abgezählt. Wo dich der Tod erwartet, ist ganz ungewiss. Erwarte du ihn also überall.

Schon wollte ich aufhören und zum Schlusswort ansetzen. Aber Schulden müssen abgetragen werden, und diesem Brief muss ein Reisegeld beigelegt werden. Auch wenn ich nicht sage, bei wem ich meine Anleihe mache, weißt du doch, wessen Schatzkammer ich mir dienstbar mache. Warte noch ein wenig, und ich werde aus eigener Tasche zahlen. Inzwischen leiht mir Epikur den Spruch: Bereite dich auf den Tod vor, oder, wenn uns die Bedeutung dieses Ausspruchs in folgender Formulierung besser eingeht: Es ist etwas Bedeutsames, sich an den Tod zu gewöhnen. Vielleicht meinst du, es sei überflüssig, zu lernen, was man nur einmal brauchen wird. Gerade deshalb müssen wir uns in Gedanken darauf vorbereiten. Immer gilt es zu lernen, wovon wir nicht in Erfahrung bringen können, ob wir es auch wirklich verstehen. Bereite dich auf den Tod vor, das will sagen, bereite dich auf die Freiheit vor! Wer sterben gelernt hat, hört auf, Knecht zu sein. Über alle Macht ist er erhaben, mindestens aber steht er außerhalb fremden Machtbereiches. Was können ihm Kerker, Wachtposten und Riegel anhaben? Er hat einen freien Ausgang. Nur *eine* Kette ist es, die uns gebunden hält: die Liebe zum Leben. Soll man diese Liebe zum Leben auch nicht ganz aufgeben, so gilt es doch, sie so weit zu dämpfen, dass uns – fordern es einmal die Umstände – nichts zurückhält, hindert oder unsere Bereitschaft herabsetzt, sogleich den Schritt zu tun, der doch einmal getan werden muss.

Ich bin marschbereit

Hören wir endlich auf, zu wollen, was wir schon immer gewollt haben. Ich wenigstens richte mein Streben darauf, als Greis nicht die gleichen Willensziele zu haben wie als Knabe. Tag und Nacht verbringe ich mit der einen Beschäftigung, alte Charakterfehler auszurotten. Das ist die Aufgabe, die ich mir gestellt habe, das ist mein Vorhaben. Ich suche zu erreichen, dass mir jeder Tag so viel gilt wie ein ganzes Leben. Dabei reiße ich ihn nicht an mich, als wäre es der letzte, sondern ich betrachte ihn in aller Ruhe so, als könnte es wohl auch der letzte sein. Ich schreibe dir diesen Brief in der inneren Haltung, als würde mich der Tod noch beim Schreiben abrufen. Ich bin marschbereit. Ich kann einen sinnvollen Gebrauch vom Leben machen, weil ich nicht zu großen Wert darauf lege, wie lange es dauern wird. Bevor ich ein alter Mann wurde, war ich darauf bedacht, würdig zu leben, jetzt im Alter richtet sich mein Streben darauf, würdig zu sterben. Würdig sterben aber heißt gern sterben. Tu nach Möglichkeit nie etwas widerwillig. Der Zwang der Notwendigkeit, der den Widerstrebenden drückt, existiert nicht für den, der willig ist. Ich behaupte: Wer Befehle willig befolgt, dem bleibt die bitterste Seite der Knechtschaft erspart, nämlich dass man tun muss, was man nicht will. Unglücklich ist nicht, wer etwas auf Befehl tut, sondern wer es widerwillig tut. Wir sollten daher die innere Einstellung gewinnen, dass wir wollen, was die Umstände von uns verlangen. Vor allem aber sollten wir lernen, ohne Traurigkeit an unser Ende zu denken. Wir müssen uns eher für den Tod als für das Leben vorbereiten. Das Leben ist wohl bestellt. Unser Verlangen aber richtet sich auf die Mittel und Werkzeuge zum Leben. Wir glauben, es fehle uns immer noch etwas, und wir werden es stets glauben. Nicht von Jahren und Tagen hängt es ab, ob wir genug gelebt haben, sondern von der inneren Einstellung. Ich selbst, mein bester Lucilius, habe genug gelebt. In innerer Befriedigung erwarte ich den Tod.

Kürze des Lebens

Den Gleichmut wahr dir mitten im Ungemach;
wahr ihn desgleichen, lächelt dir hold das Glück!
    Bezähm den Übermut der Freude,
      Dellius, einmal ja musst du sterben,

ob trüb und traurig du deine Zeit verlebt,
ob, wohlig ausgestreckt in entlegner Au,
    du manches Freudenfest dir gönntest,
      schlürfend Falerner vom bessern Jahrgang.

Was flechten Riesenföhre und Pappelbaum
gastfreundlich ihre Zweige zum Schattendach?
    Was müht sich denn das klare Bächlein
      flüchtigen Laufes zu Tal zu rinnen?

Schaff Wein dorthin und Salben dorthin! Vergiss
der bald verwelkten lieblichen Rosen nicht,
    so lang du's hast und magst und auch der
      Faden es zulässt der Drillingsschwestern!

Hinweg musst du vom rundum erworbnen Sitz,
vom Landhaus, das der gelbliche Tiber netzt,
   hinweg, und deiner hochgehäuften
      Schätze bemächtigt sich gleich dein Erbe.

Ob reich, des alten Inachus Spross, du seist,
gleichviel, ob arm aus unterster Schicht des Volks
   und unter freiem Himmel hausend,
      wirst doch ein Opfer des kalten Orcus.

Uns allen wartet ein und derselbe Weg,
uns allen fällt, sei's früh oder spät, das Los,
   geschüttelt aus der Urne, das im
      Kahn uns zur ew'gen Verbannung hinführt.

Nütze den Tag

Frage niemals darnach, nicht ist's erlaubt, wann wohl
   für mich, für dich
Götter gesetzt das Ziel, Leuconoe. Auch mit
   Chaldäerkunst
lass dich lieber nicht ein. Was immer kommt, besser
   ertrag es so,
ob der Winter dir mehr oder zum Schluss Jupiter
   den gewährt,
der am Klippengestad eben die Wut bricht
   des Tyrrhenermeers.
Sei verständig darum. Kläre den Wein. Kürz bei so
   knapper Frist,

was du Weitres erhoffst. Schon beim Gespräch ist uns
    entflohn die Zeit
neidvoll. Nütze den Tag. Nicht einen Deut setze auf
    den, der folgt.

PLUTARCH

Trostbrief an die Gattin

Der Bote, den du mir mit der Nachricht vom Tode unseres Kindchens geschickt hast, scheint mich auf der Straße nach Athen verfehlt zu haben. Ich war nach Tanagra gekommen und erfuhr es dort aus dem Mund unsrer Nichte. Die Beisetzungsfeierlichkeiten sind wohl schon vorüber, und sie sind, möchte ich wünschen, so abgelaufen, dass du für jetzt und für später möglichst wenig schmerzliche Aufregung hast. Aber wenn du noch etwas tun möchtest, womit du jedoch auf meine Zustimmung gewartet hast, etwas zur Erleichterung deines Kummers, dann soll auch das noch geschehen, aber ohne jeden übertriebenen Aufwand und ohne abergläubisches Getue – aber das ist ja ohnehin nicht deine Art …

Versuche dich aber in Gedanken öfters zurückzuversetzen in die Zeit, in der unser Kind noch nicht geboren war und wir noch keinen Grund hatten, das Schicksal anzuklagen. Und dann verbinde jene Zeit mit der Gegenwart, und stelle dir vor, dass es uns nun wieder ähnlich ergeht wie damals. Doch es sähe so aus, meine Liebe, als ob wir die Geburt unsres Kindes bedauern, wenn wir die Zeit vorher besser fänden. Die

45

zwei Jahre dazwischen dürfen wir jedoch keinesfalls aus unserer Erinnerung löschen, sondern müssen sie, da sie uns die Freude an unserem Kind genießen ließen, zu unseren Glückszeiten rechnen. Es war ein kurzes Glück, aber wir wollen es deshalb nicht zu einem großen Unglück erklären. Weil das Schicksal uns nicht noch obendrein geschenkt hat, was wir erhofften, wollen wir nicht undankbar sein gegenüber dem, was uns geschenkt wurde …

Wenn du traurig bist, weil unsere Tochter ohne Heirat und Kinder dahingegangen ist, dann kannst du wieder etwas Gutes für dich verbuchen, dass du nämlich auf das eine wie auf das andere nicht verzichten musstest. Es ist ja nicht so, dass dies beides nur ein großes Gut wäre für die, die es verloren haben, und nur von geringem Wert für die anderen, die es besitzen. Unsere Tochter aber ist an einen Ort gelangt, wo es keine Trauer gibt – daher müssen wir sie nicht betrauern. Was für einen Kummer kann sie uns noch bereiten, wenn es nun für sie nichts mehr gibt, was ihr Kummer macht? Auch der Verlust der größten Güter verliert alles Schmerzliche, wenn man dahin gekommen ist, wo man sie nicht mehr braucht. Deine Timoxena hat nur wenig verloren, denn wenig kannte sie erst, und an wenigem erfreute sie sich. Was sie aber noch nicht kannte, was ihr gar nicht im Bewusstsein war und wonach sie kein Verlangen hatte – wie kann man sagen, es sei ihr geraubt worden?

Du hörst aber auch die Argumentation von bestimmten anderen, die viele zu ihrer Ansicht bekehren. Sie sagen, für das, was sich aufgelöst hat, gibt es nirgendwo mehr Übel oder Kummer. Von solchen Ansichten halten dich, wie ich weiß, der Glaube unserer Väter ab und die mystischen Kulterfahrungen in den Mysterien des Dionysos: Diese Kenntnis teilen wir ja miteinander als Eingeweihte. Bedenke also, dass es mit der Seele, die unsterblich ist, gerade so geht wie mit gefangenen Vögeln. Wurde sie längere Zeit im Körper auferzogen und gewissermaßen handzahm gemacht für dieses Leben durch vielerlei Tätigkeiten und lange Eingewöhnung, dann wird sie sich, wenn sie wieder zur Erde herabkommt, abermals mit einem Körper bekleiden. Und es wird kein Ende und kein Aufhören geben: Durch immer neue Einkörperungen bleibt die Seele verstrickt in das Leid und Geschick hienieden. Glaube ja nicht, über das Alter gebe es Schimpfen und abfällige Reden, nur weil man runzlig, grau und körperlich hinfällig wird. Das Schlimmste daran ist doch dies: Es stumpft die Vorstellungen der Seele vom Jenseits ab und lässt sie am Diesseits kleben. Es biegt und beugt sie, bis sie schließlich die Form behält, die sie von der steten drückenden Verbindung mit dem Körper bekommen hat. Anders ist es mit der Seele, die nach ihrer Gefangennahme nur kurze Zeit im Körper blieb, bevor sie von höheren Mächten wieder befreit wurde. Wie aus einer leichten, biegsamen Krümmung richtet sie sich elastisch wieder auf zu ihrer ursprünglichen Position. Wenn man das Feuer sofort, nachdem man es ausgelöscht hat, wieder entzündet, flammt es erneut empor und erholt sich rasch wieder. Bleibt es aber längere Zeit ausgelöscht, ist es schwieriger wieder zu entflammen. So ist es auch mit den Seelen am besten, deren Los es ist, wie der Dichter sagt:

… so schnell, wie's nur geht, durch die Pforten des Hades zu schreiten.

Das heißt also, noch bevor sich in der Seele eine allzu große Liebe zu den Dingen hier auf Erden festgesetzt hat und bevor sie in der Verbindung mit dem Körper schlaff wird und mit ihm verschmilzt wie durch eine chemische Substanz.

Die von den Vätern überkommenen traditionellen Sitten und Bräuche können die Wahrheit dieser Anschauungen noch mehr erhellen. Wenn kleine Kinder gestorben sind, bringt man ihnen keine Trankspenden dar und vollzieht auch keine der anderen Riten, wie sie bei Verstorbenen sonst üblich sind. Denn diese Kinder hatten noch keine Verbindung mit der Erde und mit den irdischen Dingen. Man verweilt auch nicht bei den Gräbern und Grabmalen und bei der Aufbahrung und hält keine Totenwacht bei den Leichnamen. Die Gesetze lassen es nicht zu: Es wäre ja unfromm, denn solch Jungverstorbene sind hinübergegangen zu einem besseren Los, den Göttern näher, und an einen schöneren Ort.

Wenn man daran nicht glaubt, hat man es schwieriger, als wenn man es glaubt …

PAULUS

Sieg über den Tod

Siehe, ich sage euch ein Geheimnis: Wir werden nicht alle entschlafen, wir werden aber alle verwandelt werden;

Und das plötzlich, in einem Augenblick, zur Zeit der letzten Posaune. Denn es wird die Posaune erschallen, und die Toten werden auferstehen unverweslich, und wir werden verwandelt werden.

Denn dies Verwesliche muss anziehen die Unverweslichkeit, und dies Sterbliche muss anziehen die Unsterblichkeit.

Wenn aber dies Verwesliche anziehen wird die Unverweslichkeit und dies Sterbliche anziehen wird die Unsterblichkeit, dann wird erfüllt werden das Wort, das geschrieben steht (Jesaja 25,8; Hosea 13,14): »Der Tod ist verschlungen vom Sieg.

Tod, wo ist dein Sieg? Tod, wo ist dein Stachel?«

Charon oder Die Weltbeschauer

Soll ich dir also sagen, Hermes, wie mir die Menschen und ihr ganzes Leben vorkommen? Du hast ja wohl oft die Blasen in einem mit Gewalt hervorsprudelnden Wasser gesehen, aus deren Zusammenhäufung der Schaum entsteht? Von diesen Blasen sind die meisten so klein, dass sie augenblicklich wieder zergehen und verschwinden; andere dauern etwas länger, und indem mehrere kleine mit ihnen zusammenfließen, blähen sie sich auf und erheben sich zu großem Umfange, zerplatzen aber doch bald wieder so gut wie jene, weil es ihrer Natur nach nicht anders sein kann. Geradeso kommt mir das Leben der Menschen vor. Alle werden auf kurze Zeit mit Lebensgeist angeschwellt, die einen mehr, die andern weniger; bei vielen hat diese Aufblähung einige, wiewohl sehr kurze Dauer, andere verschwinden schon im Entstehen, zerplatzen aber müssen sie alle.

Verachte nicht den Tod

Verachte nicht den Tod, sondern habe dein Wohlgefallen an ihm, in der Überzeugung, dass auch er zu den Dingen gehört, die die Natur will. Denn ein Vorgang der Art wie Jungsein und Altwerden, Wachsen und Blühen oder wie das Hervorkommen der Zähne, des Bartes, der grauen Haare, das Zeugen, Schwangergehen und Gebären und die übrigen Auswirkungen der Natur sind alles Dinge, die die Jahreszeiten deines Lebens mit sich bringen – solch ein Vorgang ist gerade auch die Auflösung. Es entspricht daher der inneren Einstellung eines denkenden Menschen, dass er dem Tode nicht gleichgültig gegenübersteht, aber auch nicht ungestüm nach ihm verlangt oder ihn geringschätzt; vielmehr muss er auf ihn warten als auf ein Ereignis, das die Natur der Dinge so mit sich bringt. Und wie du jetzt darauf wartest, dass das Kindlein aus dem Leibe deines Weibes herauskommt, so warte der Zeit, in der deine Seele diese Hülle verlassen wird. Wenn du aber auch ein gewöhnliches herzstärkendes Trostmittel wünschest: am gelassensten wirst du dem Tod gegenüber werden, wenn du auf die Dinge blickst, von denen du dich trennen musst, und wenn du bedenkst, mit was für Charakteren deine Seele dann nicht mehr vermengt sein wird. Denn du darfst an ihnen durchaus keinen Anstoß nehmen, sondern musst dich ihrer liebevoll annehmen und sie geduldig ertragen, jedoch dabei nicht vergessen, dass dein Abscheiden nicht von Menschen sein wird, die dieselben Grundsätze wie du selber haben. Denn nur das, wenn überhaupt etwas, könnte dich zurückziehen und im Leben festhalten, wenn dir gegönnt wäre, mit Menschen zusammenzuleben, die dieselben Grundsätze haben. Jetzt aber siehst du, wie groß das Elend in dem Missklang des Zusammenlebens ist, so dass man sagen möchte: »Komm schneller, lieber Tod, damit ich nicht ebenfalls mich selber vergesse.«

AUGUSTINUS

Abschied von der Mutter

Ich habe ihr die Augen zugedrückt. Da floss in meinem Herzen eine Trauer zusammen über alle Maßen und floss über in Tränen. Doch ein krankhaft starker Wille meiner Seele hielt sie zurück in meinen Augen, dass sie trocken blieben. Mir aber war gar weh bei diesem Kampf der Seele. Im Augenblicke, da sie starb, war Adeodatus, mein Sohn, in lautes Weinen ausgebrochen; doch da wir alle ihm mahnend zusprachen, schwieg er. Und so schwieg auch in mir, was kindisch laut zum Weinen drängte, von dieses Kindes lauter Stimme mahnend eingedämmt. Auch dachten wir, es schicke sich doch nicht, mit lautem Weinen und mit tränenreichen Klagen diese Tote zu bestatten, wie man bei solchen nur zu klagen pflegte, die eines bösen Todes und zum ew'gen Tode sterben. Ihr Sterben aber war nicht böse, und sie starb auch nicht zum ew'gen Tod. Des war ihr reines Leben Zeuge, und wir hielten daran fest »in unverfälschtem Glauben« und aus sicher-guten Gründen.

Was also war es, was mir drin so wehe tat? Die so unendlich liebe, freundliche Gewohnheit engen Zusammenlebens war so rasch zerbrochen und ließ mir in der Seele eine tiefe Wunde. Wohl freute ich mich gern des Zeugnisses, das sie in ihrer letzten Krankheit mir gegeben, da sie mir meinen willigen Gehorsam freundlich rühmte, ihren lieben Sohn mich nannte und in so innig warmer Liebe sagte, sie habe nie aus meinem Mund ein hartes oder böses Wort vernehmen müssen. Und doch, was ist das, du mein Gott, der uns geschaffen? Was war die Achtung, die ich ihr erwiesen, verglichen mit dem vielen, was sie dienend mir getan? Darum also war meine Seele wund, weil sie des großen, vollen Trosts entbehrte. Zu einem Leben war mein Leben und das ihrige geworden, und nun ward's zerissen, da sie von mir schied.

WALTHER VON DER VOGELWEIDE
Blumen und wilder Klee

Schnee tut allen vögeln weh!
hört ihr sie noch singen? –

doch sicher wird wie eh und je,
wie blumen und wie wilder klee,
dem tod ein lied entspringen.

winter nimmt auch mir das brot,
lässt mir nur das leid.

er löscht mir aus das lippenrot.
jede maid hält mich für tot
und färbt sich schwarz ihr kleid.

doch sicher lässt ein neuer tanz
mich auferstehn und es wird ganz

in minne und wie eh und je
bei blume und bei wildem klee
dem tod mein lied entspringen.

Der zweite Tod

Höchster, allmächtiger, guter Herr,
Dein sind das Lob, der Ruhm, die Ehr und aller
    Segen.
Dir gehören sie, Höchster, allein.
Kein Mensch ist wert Dich zu nennen.

Gelobt seist Du, mein Herr, samt all Deinen
    Kindern
Und der Schwester Sonne besonders,
Denn am Tage zündst Du für uns sie an.
Schön ist sie und strahlt in großem Glanze.
Von Dir, o Höchster, bringt sie Kunde.

Gelobt seist Du, mein Herr, für Bruder Mond und
    Sterne!
Am Himmel hast Du sie geformt, klar, köstlich
    und hell.

Gelobt seist Du, mein Herr, für Bruder Wind
Und Luft und Wolken, freundliches und jedes
    Wetter!
Mit ihnen hegst Du Deine Kinder.

Gelobt seist Du, mein Herr, um Wassers willen!
Das ist so nützlich, schmiegsam, köstlich und keusch.

Gelobt seist Du, mein Herr, für Bruder Feuer!
Die Nacht erhellst Du uns mit ihm
Und schön ist er und munter und gewaltig und stark.

Gelobt seist Du, mein Herr, für unsre Mutter Erde!
Die hegt und trägt uns
Und vielerlei Frucht und farbige Blumen treibt sie
    und Gras.

Gelobt seist Du, mein Herr, für alle, die verzeihen
Und Krankheit dulden und Mühsal Dir zulieb.
Selig, wer es in Frieden erduldet,
Denn von Dir, Höchster, wird er gekrönt.

Gelobt seist Du, mein Herr, für unsern Bruder, den
    fleischlichen Tod,
Dem kann kein lebender Mensch entgehen.
Weh denen, die in Todessünden sterben!
Doch selig, wen Du hältst in Deinem heiligen Willen,
Ihm tut der zweite Tod kein Leid.

DANTE ALIGHIERI

Der Eingang bin ich zu der
Stadt der Trauer

Der Eingang bin ich zu der Stadt der Trauer,
Der Eingang bin ich zu dem ew'gen Schmerze,
Der Eingang bin ich zum verlornen Volke!
Gerechtigkeit trieb meinen hohen Schöpfer:
Die Allmacht hat der Gottheit mich gegründet,
Die höchste Weisheit und die erste Liebe.
Vor mir ist nichts Erschaffenes gewesen,
Als Ewiges, und auch ich daure ewig.
Lasst, die ihr eingeht, jede Hoffnung fahren.

Girolamo und Salvestra

*Girolamo liebt Salvestra. Die Bitten seiner Mutter
nötigen ihn, nach Paris zu gehen, und wie er zu-
rückkommt, findet er seine Geliebte verheiratet. Er
schleicht sich verstohlen in ihr Haus und stirbt an ihrer Seite. Die Leiche wird in eine Kirche getragen, und
Salvestra sinkt tot neben ihr nieder.*

Er schlich sich eines Abends, als sie mit ihrem
Manne in die Nachbarschaft zu einer Abend-
gesellschaft gegangen war, heimlich hinein und versteckte sich in ihrem Schlafzimmer hinter einigen Stücken Zeltleinwand, die dort ausgebreitet waren. Hier
wartete er, bis sie zurückkamen und zu Bette gingen
und bis er den Mann schlafen hörte. Dann trat er an die
Seite des Bettes, wo er die Salvestra sich hatte niederlegen gesehen, legte ihr die Hand auf die Brust und
sagte leise: »Liebes Herz, schläfst du schon?«

Das junge Weib wachte noch und wollte schreien; er
aber sagte eilig: »Schrei um Himmels willen nicht, ich
bin ja dein Girolamo.«

Darauf erwiderte sie unter heftigem Zittern: »Um
Gottes willen, Girolamo, geh wieder fort! Die Zeit ist
jetzt vorbei, wo wir als Kinder ineinander verliebt sein

durften. Ich bin, wie du siehst, verheiratet, und da wäre es eine Schande, wollte ich mich mit einem anderen einlassen als mit meinem Manne. Darum bitte ich dich um Gottes Barmherzigkeit willen, dass du fortgehst; denn hörte dich mein Mann, so würde, selbst wenn kein anderes Unglück daraus entstände, doch das die Folge sein, dass ich mein Leben lang nicht wieder in Ruhe und Frieden mit ihm würde leben können, während ich jetzt, weil er mich liebhat, mich wohl und zufrieden mit ihm fühle.«

Der Jüngling, der über diese Rede sich heftig betrübte, erinnerte sich an die vergangene Zeit und an seine Liebe, die sich auch in der Ferne niemals verringert habe, bestürmte sie mit Bitten und den größten Versprechungen, konnte aber dessen ungeachtet nichts von ihr erlangen. Da bat er sie denn endlich, weil er sich nichts mehr wünschte als den Tod, dass sie ihm zum Lohne für so große Liebe weiter nichts gestatten möge, als dass er sich so lange neben sie niederlegen dürfe, bis er sich ein wenig erwärmt hätte, denn er sei während der Zeit, wo er auf sie gewartet habe, vor Kälte völlig erstarrt. Er versprach dabei, weder ein Wort zu reden, noch sie anrühren zu wollen, sondern zu gehen, sobald er einigermaßen wieder warm geworden wäre.

Salvestra fühlte doch ein wenig Mitleiden mit ihm, und so ließ sie es unter den Bedingungen zu, die er sich selber auferlegt hatte. Der Jüngling legte sich also neben sie nieder und berührte sie nicht, sondern richtete alle seine Gedanken auf seine lange Ausdauer in der

Liebe zu ihr, auf ihre gegenwärtige Grausamkeit und seine vernichteten Hoffnungen und beschloss, nicht mehr leben zu wollen. Und so hielt er die Lebensgeister auf, presste die Hände zusammen und starb, ohne einen Laut von sich zu geben, an ihrer Seite.

Die junge Frau wunderte sich inzwischen über seine Enthaltsamkeit und sagte nach einer Weile, aus Besorgnis, dass ihr Mann aufwachen möchte: »Nun, Girolamo, warum gehst du denn noch nicht?« Da sie keine Antwort erhielt, glaubte sie, er möchte wohl eingeschlafen sein, streckte die Hand nach ihm aus und begann ihn zu schütteln, dass er aufwachen sollte. Als sie aber bei der Berührung fühlte, dass er kalt wie Eis war, verwunderte sie sich sehr, und als er bei abermaligem, stärkerem Anfassen sich nicht bewegte, erkannte sie nach öfter wiederholten Versuchen, dass er tot sei.

Voller Schrecken darüber wusste sie geraume Zeitlang durchaus nicht, was sie tun sollte, bis sie sich endlich entschloss, ihren Mann über den Vorfall auszuforschen, indem sie ihm denselben unter erdichtetem Namen vortrüge. Zu dem Zwecke weckte sie ihn, erzählte ihm, was soeben hier geschehen war, als habe es sich in dem Hause eines anderen zugetragen, und fragte ihn alsbald, was er tun würde, wenn ihr dasselbe begegnete. Der gute Mann erwiderte, seinem Dafürhalten nach müsse man in einem solchen Falle den toten Körper in aller Stille bis zu seiner Wohnung zurücktragen und ihn dort liegen lassen, ohne fernerhin der Frau, die ihm nicht gesündigt zu haben scheine, einigen Groll nachzutragen.

»Nun«, entgegnete die junge Frau, »so lass uns denn dasselbe tun«; und damit nahm sie seine Hand und ließ ihn den toten jungen Mann anfühlen. Ganz erschrocken über diesen Anblick, stand der Mann auf und machte Licht an; dann bekleidete er, ohne mit der Frau, der ihre Unschuld zu Hilfe kam, weiter über die Sache zu reden, die Leiche mit des Verstorbenen eigenen Kleidern, nahm sie sodann auf die Schultern und trug sie bis an die Tür des Hauses, das Girolamo bewohnt hatte, wo er sie niederlegte.

Als darauf der Tag anbrach und der Tote vor der Pforte seines eigenen Hauses gefunden wurde, erhoben alle, besonders aber die Mutter, ein großes Wehklagen. Man untersuchte und besichtigte den ganzen Körper; da sich aber keine Wunde und keine Quetschung fand, erklärten die Ärzte sämtlich, er müsse, wie er es wirklich war, vor Gram gestorben sein. Als man den Körper von dort hinweggenommen und in eine Kirche gebracht hatte, kam die betrübte Mutter mit vielen anderen verwandten und benachbarten Frauen, und sie beweinten und beklagten nach der Sitte unserer Stadt den Verstorbenen gemeinschaftlich mit unzähligen Tränen.

Während nun diese Wehklagen in voller Heftigkeit anhielten, sagte der gute Mann, in dessen Hause der Todesfall geschehen war, zu Salvestra: »Du solltest doch einen Mantel umnehmen und in die Kirche gehen, wo sie den Girolamo hingetragen haben. Stell du dich unter die Frauen und merke auf, was über den Vorfall geredet wird. Ich werde dasselbe unter den

Männern tun, damit wir erfahren, ob die Leute was über uns sagen.«

Der jungen Frau, bei der das Mitleid etwas spät gekommen war, gefiel der Vorschlag; sie wünschte den Jüngling, den sie, während er gelebt hatte, nicht mit einem einzigen Kusse hatte erfreuen wollen, nun er tot war, zu sehen, und so ging sie hin.

Wunderbar ist es, wenn man bedenkt, wie schwer zu erforschen die Gewalt der Liebe ist. Dasselbe Herz, das sich dem Glücke des Girolamo nicht hatte auftun wollen, wurde nun von dessen Unglück erweicht. Alle die alten Flammen erwachten plötzlich aufs Neue und verwandelten sich beim Anblick des toten Angesichts in solches Mitleid, dass Salvestra sich ganz mit dem Mantel verhüllte und zwischen den umstehenden Frauen sich so lange vordrängte, bis sie zur Leiche gelangt war. Hier fiel sie mit einem lauten Schrei auf das Gesicht des toten Jünglings nieder, badete es aber nicht mit vielen Tränen, denn sie hatte es kaum berührt, als der Schmerz ihr das Leben nahm, wie er dem Girolamo vorher das seine genommen hatte. Die Frauen sprachen ihr, ohne sie erkannt zu haben und ohne den eingetretenen Tod auch nur zu ahnen, Trost zu und hießen sie sich ein wenig wieder aufrichten; sie erhob sich aber nicht. Da wollten jene sie mit Gewalt emporheben, und erst, als sie sie unbeweglich fanden, erkannten sie zugleich, dass sie Salvestra und dass sie tot sei …

FRANCESCO PETRARCA

Wie neid ich dir

Wie neid ich dir, dass du, habgierige Erde,
umarmt hältst, deren Anblick mir entrissen,
und mich den Hauch des Angesichts vermissen
lässt, wo ich Frieden fand von aller Fährde!

Wie erst dem Himmel, welcher von der Herde
der Glieder ihren Geist gelöst, beflissen
ihn erntend und verschließend, wider Wissen,
wie selten er sich andern öffnen werde;

und den vom Schicksal süß beglückten Geistern,
das ihnen jene Gegenwart gegeben,
die ich stets suchte über so viel Stufen!

Und wie dem Tod, der, um mich hart zu meistern,
nachdem er ausgelöscht in ihr mein Leben,
in ihren Augen sitzt, ohn' mich zu rufen!

Grabschrift

*Grabschrift in Form einer Ballade, die Villon für sich
und seine Kumpane gemacht, als er erwartete, mit ihnen gehängt zu werden.*

Ihr Menschenbrüder, die ihr nach uns lebt,
lasst euer Herz nicht gegen uns verhärten,
denn alles Mitgefühl, das ihr uns gebt,
wird Gott dereinst euch um so höher werten.
Ihr seht uns hier gehängt, fünf, sechs Gefährten:
und wenn das Fleisch, das wir zu gut genährt,
verfault sein wird, von Elstern ganz verzehrt,
und wir Skelette, Asche, Staub und Bein –
dann haltet uns mehr als des Spottes wert
und bittet Gott, er möge uns verzeihn!

Das eine, Brüder, bitten wir: habt dann
vor uns nicht Abscheu, weil uns das Gericht
den Garaus machte. Weiß doch jedermann:
gesetzten Sinnes sind wir alle nicht.
Und sind wir tot, seid nicht auf uns erbost,
legt Fürsprach bei dem Sohn Mariens ein,
dass unsre Seele flieh der Höllenpein,

und nicht versiege seiner Gnade Trost,
und bittet Gott, er möge uns verzeihn!

Der Regen wäscht uns ab und spült uns rein,
die Sonne trocknet uns und dörrt uns braun,
die Raben hacken uns die Augen ein
und Elstern rupfen Bart und Augenbraun.
Und niemals sind wir festgehängt und wiegen
bald hin, bald her, so wie im Übermut
der Wind mit uns sein Spiel treibt zum Vergnügen,
zerpickt von Vögeln wie ein Fingerhut.
Drum, Brüder, lasst euch dies zur Lehre sein
und bittet Gott, er möge uns verzeihn!

Geleit

O Jesus, der du Herr bist von uns allen,
verhüte, dass der Hölle wir verfallen.
Ihm stehn wir Rechenschaft, nur ihm allein.
Hier, Menschen, lasset allen Leichtsinn fallen
und bittet Gott, er möge uns verzeihn!

ERASMUS VON ROTTERDAM

Wanderer sind wir in dieser Welt

Je inständiger wir etwas lieben, um so schwerer lassen wir es los. »Ungern wirst du von dir legen, was du bewunderst«, sagt ein Weiser, der zwar Christus nicht kennt. Aber gerade der bewundert die zeitlichen Güter, der sich in ihnen zur Ruhe legt, als seien es Güter, die er für ewig besäße, obwohl sie doch nur auf Zeit geliehen sind. Sooft der, der sie gegeben, sie zurückfordert, soll man sie nicht nur mit Gleichmut, sondern auch unter Danksagung zurückerstatten. Sich in den Gütern dieser Welt zur Ruhe legen bedeutet nämlich etwas genießen, was man nur benützen dürfte, und auch dies sozusagen nur nebenbei und im Vorübergehen. Deshalb mahnt auch der Apostel die Korinther: »So bleibt denn, Brüder, dass die, welche Frauen haben, so sind, als hätten sie keine, dass die Weinenden weinen, als weinten sie nicht, die sich Freuenden, als freuten sie sich nicht, die, welche sich dieser Welt bedienen, als bedienten sie sich ihrer nicht. Denn es vergeht die Gestalt dieser Welt.«

Wanderer sind wir in dieser Welt, nicht Sesshafte; als Fremde leben wir in Herbergen oder, um sich noch deutlicher auszudrücken, in Zelten; wir leben nicht in unserer Heimat. Dieses ganze Leben ist nichts anderes als ein Lauf – und erst noch ein kurzer – zum Tod …

Mag einer auch das Alter erreichen – für wie wenige das zutrifft, weiß jedermann –, so ist doch, bei Gott, das ganze Leben nichts anderes als die Strecke eines kurzen Stadions, in welchem wir wohl oder übel ununterbrochen laufen, ob wir nun schlafen, wachen, uns freuen oder gepeinigt werden. Einem Sturzbach vergleichbar, reißt uns der ununterbrochene Lauf der Zeiten mit, selbst wenn es uns oder andern scheinen mag, als ob wir rasteten. Wenn wir also den Wert weltlicher Dinge berechnen, muss er notwendigerweise äußerst niedrig sein, da ihm nicht einmal die Dauer einer einzigen Stunde zugesichert ist. Was wir aber für wenig wert erachten, davon trennen wir uns leicht. Wenn Menschen, die nicht zu Hause bleiben, sondern in der Fremde weilen, in Herbergen oder unterwegs etwas Vorteilhaftes begegnet, binden sie sich nicht zu sehr daran, da sie das, was ihnen Freude bereitet, bald wieder verlassen werden. Begegnet ihnen aber Unangenehmes, so ertragen sie es leicht, denken sie sich doch: »Das Mittagessen nehme ich hier, aber das Abendessen bereits anderswo!«

MARTIN LUTHER
Wir sind alle zum Tode gefordert

Wir sind alle zum Tode gefordert, und es wird keiner für den andern sterben, sondern jeder muss in eigner Person geharnischt und gerüstet sein, mit dem Tode zu kämpfen. – Wir können wohl einer den andern trösten und zu Geduld, Streit und Kampf ermahnen, aber kämpfen und streiten können wir nicht für ihn, sondern es muss jeder selbst auf seiner Schanze stehn und sich mit den Feinden, dem Teufel und Tode messen, allein mit ihm im Kampf liegen.

Philosophieren heißt sterben lernen

Cicero sagt das Philosophiren sey nichts anders, als eine Vorbereitung zum Tode. Dieses kömmt daher, weil das Studiren und die tiefsinnigen Betrachtungen unsere Seele einigermaßen außer uns ziehen, und derselben, ohne dass der Körper daran Theil hat, etwas zu thun verschaffen; welches gleichsam eine Anweisung zu dem Tode ist, und eine gewisse Ähnlichkeit mit demselben hat: oder vielmehr daher, weil alle Weisheit und alles Reden der Welt endlich darauf hinaus laufen, uns zu lehren, dass wir den Tod nicht fürchten sollen. In der That, entweder weiß die Vernunft selbst nicht was sie will: oder, sie muss bloß auf unser Vergnügen sehen, und alle ihre Bemühungen müssen überhaupt auf nichts anders abzielen, als uns ein glückseliges Leben und Ruhe zu verschaffen, wie die H. Schrift sagt. Die Meynungen der Menschen stimmen darinnen überein, dass die Belustigung unser Zweck sey; ob sie gleich unterschiedene Mittel dazu zu gelangen ergreifen: sonst würde man dieselben gleich anfangs verbannen. Denn, wer wollte einem Gehör geben, welcher unsern Verdruss und unsere Beschwerlichkeit zu seinem Endzwecke wählte? Die Streitigkeiten der Weltweisen kommen also in diesem Falle bloß auf Worte an. Transcurramus solertissimas nugas. Es zeigt sich hierbey mehr Eigensinn und Zanksucht, als einem so ehrwürdigen Stande geziemet. Allein, der Mensch mag eine Person vorstellen, welche er immer will, so spielt er doch allezeit die seinige mit unter.

Sie mögen sagen, was sie wollen: selbst bey der Tugend ist unsere Hauptabsicht die Wollust. Ich gebe ihnen mit Fleiße dieses Wort an zu hören, welches ihnen so verhasst ist. Und bedeutet dasselbe ein vorzüglich großes Vergnügen und ungemeines Ergötzen: so ist es eher vermittelst der Tugend, als vermittelst sonst etwas, zu erhalten. Diese Wollust ist desto mehr eine wahre Wollust, ie lebhafter, stärker und männlicher sie ist: ia, wir sollten ihr den Namen des Vergnügens beylegen, welcher vortheilhafter, angenehmer und natürlicher ist, und sie nicht Munterkeit nennen, wie wir gethan haben. Die andere niederträchtigere Wollust müsste, wenn sie anders diesen schönen Namen verdiente, denselben nur gemeinschaftlich, nicht aber vorzüglich führen. Ich finde sie nicht so von Unbequemlichkeiten und Widerwärtigkeiten befreyet, als es die Tugend ist. Ohne daran zu gedenken, dass ihr Genuss nur einen Augenblick dauert, flüchtig und vergänglich ist: so geht sie noch darzu nicht ununterbrochen fort, sie hat ihre Beschwerlichkeiten, und kostet blutsauern Schweis; überdieß aber wird sie von so vielerley schmerzhaften Leidenschaften begleitet, und hat zur Seite einen so starken Ekel, dass derselbe so gut als die Reue ist. Wir thun sehr unrecht, wenn wir meynen, ihre Unbequemlichkeiten dieneten ihrer Süßigkeit statt eines Stachels und Gewürzes, gleichwie in der Natur entgegen gesetzte Dinge einander beleben; und hernach, wenn wir auf die Tugend zu reden kommen, sprechen, sie wäre mit dergleichen Folgen und Unbequemlichkeiten überhäuft, und würde dadurch rauh und unzugänglich gemacht: da dieselben doch hier, weit mehr, als bey der Wollust, das göttliche und vollkommene Vergnügen, welches sie uns verschaffet, edler und empfindlicher machen, und erheben. Gewiss! Derienige ist nicht werth sie kennen zu lernen, welcher derselben Geschmack ihrem Nutzen entgegen setzt, und weder ihre Annehmlichkeiten noch ihren Gebrauch erkennet! Sagen uns dieienigen, welche uns vorstellen, dass sie beschwerlich und mühsam auf zu treiben, ihr Genuss aber angenehm sey, wohl etwas anders, als dass sie allezeit unangenehm? Denn, durch was für menschliche Mittel kann man iemals zu derselben Genusse gelangen? Die allervollkommensten haben sich wohl begnügt darnach zu trachten, und sich demselben zu nähern, doch ohne denselben zu erhalten. Allein sie betrügen sich: weil bey allen uns bekannten Ergötzlichkeiten sogar das Bestreben nach denselben ergötzlich ist. Die Unternehmung ist von eben der Art, als die Sache, auf welche sie abzielet: denn sie ist ein wichtiger Theil der Wirkung, und gleiches Wesens. Die Glückseligkeit und Wonne, welche in der Tugend hervorleuchtet, erfüllet alle ihr Zubehör und ihre Zugänge; so gar den ersten Eingang, und die äußersten Gränzen.

Allein unter die vornehmsten Vortheile, welche uns die Tugend verschaffet, gehöret die Verachtung des Todes: ein Mittel, welches unserm Leben eine holde Ruhe verschafft, und uns desselben Genuss rein und angenehm macht, ohne welches alle andere Wollust verloschen ist. Dieses ist die Ursache, warum alle Sekten der Weltweisen in diesem Stücke übereinstimmen. Denn, ob sie uns gleich alle einmüthig den Schmerz, die Armuth, und andere Zufälle, welchen das menschliche Leben unterworfen ist, zu verachten Anleitung geben; so geschieht es doch nicht so sorgfältig: theils, weil diese Vorfälle nicht so unvermeidlich sind, da die meisten Menschen ihr Leben hinbringen, ohne etwas von der Armuth zu wissen, und noch andere gar ohne Schmerz und Krankheit zu empfinden, wie Xenophilus, der Tonkünstler, welcher 106 Jahre bey vollkommener Gesundheit gelebet hat; theils auch deswegen, weil der Tod, wenn es auf das schlimmste geht, nach unserm Belieben allen Unbequemlichkeiten ein Ende machen, und abhelfen kann. Allein der Tod selbst ist unvermeidlich.

FRANCIS BACON

Lebe und lebe wohl

D ie Menschen fürchten den Tod gleichwie Kinder
sich fürchten, ins Dunkel zu gehen; und wie
diese natürliche Furcht bei Kindern durch Märchen
verstärkt wird, so auch jene. Wahrlich, die Betrachtung des Todes als Sold der Sünde und Übergang in
eine andere Welt ist fromm und gottgefällig; doch die
Furcht davor, als vor einem der Natur schuldigen Zoll,
ist schwächlich. In religiösen Betrachtungen findet
sich zuweilen eine Mischung von Unsinn und Aber-
glauben. So kann man in Mönchsbüchern über Buß-
übungen lesen, man solle sich nur vorstellen, wie weh
es tut, wenn einem nur eine Fingerspitze gequetscht
oder gefoltert wird, und sich danach ausmalen, wie
ungeheuer die Todesqualen sein müssen, wenn der
ganze Leib zerfällt und sich auflöst, während doch
oftmals der Tod mit weniger Schmerzen kommt, als
wenn ein Glied gefoltert wird; denn die Teile, von denen das Leben abhängt, sind nicht eben die schmerz-
empfindlichsten. Deshalb sprach der nur als Philo-
soph und Mensch, der weise sagte: ›Pompa mortis
magis zerret quam mors ipsa‹ (Das Schaugepränge des
Todes schreckt mehr als der Tod selbst).

Stöhnen und Schluchzen, ein bleiches Antlitz, weinende Freunde, schwarze Gehänge, Leichenbegängnisse und dergleichen zeigen den Tod in abschreckender Gestalt. Es ist nämlich der Beachtung wert, dass im menschlichen Herzen kein Trieb so schwach ist, dass er nicht stärker wäre als die Todesfurcht und sie überträfe; daher ist der Tod auch kein so schrecklicher Feind, wenn der Mensch so viel Helfer um sich hat, die ihn bezwingen können. Rache triumphiert über den Tod; Liebe missachtet ihn; Ruhm erstrebt ihn; Kummer flieht ihm zu; Furcht nimmt ihn vorweg; wir lesen sogar, dass, nachdem Kaiser Otho sich getötet hatte, Mitleid, das die zarteste aller Herzensregungen ist, viele aus bloßem Mitgefühl für ihren Herrn und als treueste Gefolgschaft zu sterben bewog. Ja, Seneca fügt noch Feinfühligkeit und Überdruss zu den obigen hinzu: ›Cogita, quamdiu eadem feceris; mori velle non tantum fortis, aut miser, sed etiam fastidiosus potest.‹ (Bedenke, wie lange du schon ein und dasselbe treibst. Sterben wollen kann nicht nur der Tapfere oder der Unglückliche, sondern auch, wer seines Lebens satt ist.) Mancher möchte sterben, obwohl er weder tapfer noch unglücklich ist, lediglich aus Überdruss, immer und immer wieder dasselbe tun zu müssen.

Nicht weniger beachtenswert ist es, wie wenig Veränderung das Nahen des Todes auf edle Gemüter ausübt, denn sie erscheinen bis zum letzten Augenblick als dieselben Menschen. Kaiser Augustus starb mit einem Gruß: ›Livia, coningii nostri memor, vive et vale‹ (O Livia, vergiss unsere Liebe nicht! Lebe und lebe wohl!); Tiberius mit Verstellung, wie Tacitus über ihn sagt: ›Iam Tiberium vires? et corpus, non dissimulatio deserebant‹ (Bereits verließen die Körperkräfte den Tiberius, aber nicht seine Verstellungskunst!); Vespasian mit einem Scherzwort, auf einem Stuhle sitzend: ›Ut puto dens fio‹ (Ich glaube, ich werde zu einem Gott!): Galba mit einem Kernspruch: ›Feri, si ex re sit populi Romani‹ (Schlag zu, wenn es zum Wohl des römischen Volkes dient) und beugte seinen Nacken hin; Septimius Severus mit geschäftiger Eile: ›Adeste, si quid mihi restat agendum‹ (Schnell herbei, wenn mir noch etwas zu erledigen übrig ist) und dergleichen mehr.

Bestimmt legten die Stoiker dem Tode ein zu hohes Gewicht bei und machten ihn mit ihren großen Vorbereitungen nur noch schrecklicher. Besser spricht der ›quifinem vitae extremum inter munera ponat naturae‹ (… wer das Lebensende zu den Wohltaten der Natur rechnet). Sterben ist ebenso natürlich wie Geborenwerden, und für einen Säugling ist das eine vielleicht so schmerzhaft wie für uns das andere. Wer mitten in vollem Schaffen stirbt, ist gleich dem, der in der Erregung verwundet wird, so dass er im Augenblick kaum die Wunde fühlt. Deshalb wendet der auf etwas Gutes gerichtete Sinn die Schrecken des Todes ab. Glaubt mir, das allersüßeste Lied ist: ›Nunc dimitris‹ (Nun lässest du mich scheiden), wenn ein Mensch würdige Ziele und Hoffnungen erreicht hat. Auch das ist dem Tode eigen, dass er edlem Nachruhm das Tor öffnet und die Missgunst auslöscht: ›Extinctus amabitur idem.‹ (Nach seinem Tod wird er mit Liebe genannt.)

Das Leben ein Traum

Denn in den Räumen
Dieser Wunderwelt ist eben
Nur ein Traum das ganze Leben;
Und der Mensch (das seh ich nun)
Träumt sein ganzes Sein und Tun,
Bis zuletzt die Träum' entschweben.

Wärst du dein eigen

Wärst du dein eigen, doch du bist nur dein,
geliebter Freund, in kurzen Erdentagen;
gewappnet solltest du dem Ende sein,
dein süßes Bildnis andern übertragen.
Kein Ende würde dann der Schönheit drohn,
die dir gegeben, und du bliebst dein eigen
selbst nach dem Tode, wenn ein holder Sohn
des Vaters holde Züge könnte zeigen!
Wer lässt zerfallen so ein stattlich Haus,
das kluger Sinn in Ehren könnte wahren
vor grimmer Wintertage Sturm und Graus,
vor eis'gen Todes drohenden Gefahren?
Der Leichtsinn nur! Dir war dein Vater wert,
gib, dass ein Sohn dir gleiches Glück gewährt.

Sein oder Nichtsein

Hamlet
Sein oder Nichtsein, das ist hier die Frage:
Ob's edler im Gemüt, die Pfeil' und Schleudern
Des wütenden Geschicks erdulden oder,
Sich waffnend gegen eine See von Plagen,

Durch Widerstand sie enden. Sterben – schlafen –
Nichts weiter! – und zu wissen, dass ein Schlaf
Das Herzweh und die tausend Stöße endet,
Die unsers Fleisches Erbteil – 's ist ein Ziel,
Aufs innigste zu wünschen. Sterben – schlafen –
Schlafen! Vielleicht auch träumen! – Ja, da liegt's:
Was in dem Schlaf für Träume kommen mögen,
Wenn wir den Drang des Ird'schen abgeschüttelt,
Das zwingt uns, still zu stehn. Das ist die Rücksicht,
Die Elend lässt zu hohen Jahren kommen.
Denn wer ertrüg der Zeiten Spott und Geißel,
Des Mächt'gen Druck, des Stolzen Misshandlungen,
Verschmähter Liebe Pein, des Rechtes Aufschub,
Den Übermut der Ämter und die Schmach,
Die Unwert schweigendem Verdienst erweist,
Wenn er sich selbst in Ruhstand setzen könnte
Mit einer Nadel bloß? Wer trüge Lasten
Und stöhnt' und schwitzte unter Lebensmüh?
Nur dass die Furcht vor etwas nach dem Tod –
Das unentdeckte Land, von des Bezirk
Kein Wandrer wiederkehrt – den Willen irrt,
Dass wir die Übel, die wir haben, lieber
Ertragen, als zu unbekannten fliehn …

JEAN DE LA FONTAINE
Der Tod und der Holzfäller

Ein armer Arbeitsmann, mit Reisig schwer belastet,
Von seines Bündels und der Jahre Last gedrückt,
Geht schwanken Schritts fürbass, tief seufzend und
    gebückt;
Sein Hüttlein hätt er gern erreicht, bevor er rastet.
Jetzt kann er nicht mehr fort, und tränenfeuchten
    Blicks,
Die Bündel ablegend, denkt er seines Missgeschicks.
Was bot an Freuden ihm bisher sein ganzes Leben?
Kann's einen Ärmern wohl als ihn auf Erden geben?
Oft keinen Bissen Brot und nimmer Ruh noch Rast,
Weib, Kind, der Steuern und der Einquartierung Last,
    Frondienst und Gläub'ger ohn Erbarmen –
Des Jammers vollstes Bild zeigt alles dies dem
    Armen.
Er ruft den Tod herbei; der ist auch gleich zur Stell
    Und fragt, womit er dienen sollte.
    »Ach, bitte« – spricht er – »hilf mir schnell
Dies Holz aufladen! Das ist alles, was ich wollte!«
    Tod heilt alle Erdennot;
    Aber Leben ist nicht minder
    Schön, und: »Besser Not als Tod« –
    Denken alle Menschenkinder.

MOLIÈRE
Arzt wider Willen

Man hat mich mit Gewalt zum Doktor geschlagen. Ich habe nicht das Geringste dazugetan und war auf einmal ein Gelehrter. Dabei war mein Studium mit meinem zwölften Lebensjahr beendet, und ich weiß nicht, was diesen Leuten plötzlich eingefallen ist. Aber ich habe bemerkt, dass sie stärker waren als ich, also habe ich mich dazu entschlossen, den Beruf eines Arztes auszuüben, auf Biegen oder Brechen. Und Sie glauben gar nicht, wie diese Unwahrheit sich verbreitet hat und wie versessen die Leute darauf sind, in mir eine Leuchte der Heilkunde zu sehen. Von allen Seiten holt man mich, und wenn das so weitergeht, bleib' ich mein Lebtag bei der Medizin. Das ist ja auch wirklich das allerbeste Gewerbe; denn ob man seine Sache gut macht oder nicht: die Bezahlung bleibt gleich, und wenn man etwas auch ganz und gar verpfuscht, hat man keine Unannehmlichkeiten. Wir schneidern nach Gutdünken an dem Stoff herum, der uns vorgelegt wird. Ein Schuster, der ein Paar Stiefel macht und dabei ein Stück Leder verdirbt, muss den Schaden tragen, aber einen Menschen kann man ohne Kosten zugrunde richten. Unsere Irrtümer schädigen uns nicht, nein, immer ist nur der schuld, der stirbt. Das ist das Einzigartige an diesem Beruf: dass es nichts Anständigeres und nichts Diskreteres gibt als so einen Toten; noch keiner hat sich darüber beschwert, dass ein Arzt ihn umgebracht hat.

BLAISE PASCAL

Von der Zerstreuung

Da die Menschen unfähig waren, Tod, Elend, Unwissenheit zu überwinden, sind sie, um glücklich zu sein, übereingekommen, nicht daran zu denken.

Das Einzige, was uns in unserm Elend tröstet, ist die Zerstreuung, und dabei ist sie die Spitze unseres Elends; denn sie ist es, die uns grundsätzlich hindert, über uns selbst nachzudenken, die uns unmerklich verkommen lässt. Sonst würden wir uns langweilen, und diese Langeweile würde uns antreiben, ein besseres Mittel zu suchen, um sie zu überwinden. Die Zerstreuungen aber vergnügen uns und geleiten uns unmerklich bis zum Tode.

Sinnliche Beschreibung der vier letzten Dinge, der Tod

Ihr dummen Sterblichen, die ihr
so frei und sicher lebet
und stets mit hungriger Begier
nach Gut und Hoheit strebet!
Wem sammelt ihr dies alles ein,
was ihr bald müsst verlassen
und in der letzten Not und Pein
doch wieder werdet hassen?

Die Würmer, denen du bist Preis,
die werden deiner lachen
und dir mit Lust und großem Fleiß
gar bald den Garaus machen.
Die Kröten werden dein ›Gebein‹
zermalmen und zernagen
und nicht erst, ob sie edel sein
und hochgeboren, fragen.

So geht das schnöde Leben hin,
so elend, so geschwinde!
So müssen wir von dannen zieh'n,
gleich wie der Rauch vom Winde,

wie eine Blum' und Wasserblas'
in einem Hui verderben,
so pflegt auch unser Fleisch, das Gras,
in einem Hui zu sterben.

Kein Laub wird durch den harten Nord
so bald vom Baum gerissen,
kein Schiff treibt Äolus so fort,
als wir vergehen müssen.
Kein Strom fließt gar so schnell vorbei,
kein Pfeil fliegt so behende,
als unsers Lebens Melodei
zum Schweigen kommt und Ende.

Betrachte dies, o Menschenkind,
o Kind der Eitelkeiten!
Betracht es, dass du dich geschwind
zum Tode mögst bereiten!
Verlass die Welt, kehr dich zu Gott,
erheb dich von der Erden,
dass du nicht darfst in diesem Tod
ganz tot und sterbend werden!

Stirb, ehe denn du sterben musst,
meid, ehe du musst meiden!
Ertöt in dir die böse Lust
und alle falschen Freuden!
Wer nicht gestorben, wenn er stirbt,
muss ewiglich verderben
und durch den Wurm, der nie verdirbt,
ohn' alles Ende sterben.

Totentanz

Gickes Gackes Bloder-Zung,
Rede dannoch einmal Bescheid,
Sag: Sterben müssen Alt und Jung,
Sterben müssen alle Leut.
Omnes quotquot orimur,
Sag: Omnes quoque morimur,
Es sei gleich morgen oder heut,
Sterben müssen alle Leut.

Auf! Auf! du fromme Klerisei
Mit allen Ordensgnossen,
Ihr alle seid vorm Tod nicht frei,
Man macht kein neuen Possen:
Das Reverende Domine,
Mit schönen Titl und Nomine
Tut euch vorn Tod nicht retten.
Dann sterben müssen alle Leut,
Das ist ein alte Metten.

Allo! hinweg, Alabaster-Gsicht,
Mit Spiegel und mit Kampl,
Eur schön Gestalt überredt mich nicht,
Mir ist schön wie der Trampl.

Fort Helenae, Penelope,
Und was dergleichen Contraphe,
Mitsamt des gemeinen Plunders.
Dann sterben müssen alle Leut,
Man macht euch wohl nichts besonders.

Fort, fort du reicher Batzen-Gesell
Mit deiner Münz und Lage,
Es ist nicht beständig deine Stell,
Du gehörest in meine Pagage.
Was helfen die Marsupia
Und guldene Aucupia,
Du musst doch alles verlassen.
Dann sterben müssen alle Leut,
In dem Spiel gibt's nicht passen.

Ihr hoch und wohl gelehrte Köpf,
Doctores und Discipel,
Ihr seid mir gleich wie andere Geschöpf,
Kommt singt mit mir den Trippel.
Ich nimm auch sine venia
Euere witzige ingenia,
Acht weder Buch noch Büchlen.
Dann sterben müssen alle Leut,
Man wird's euch wohl nicht küchlen.

Gebunden hin, gebunden her,
Wanns noch so stark seid bunden,
Ihr Ehleut habet doch nimmermehr
Vorm Tod ein Kräutl gfunden.

Gedenkt, dass nihil stabile.
Was in der Welt, sed labile,
Die Eh muss sich auch enden.
Dann sterben müssen alle Leut,
Das Gesatz lasst sich nicht wenden.

Du martialisch Helden-Blut,
Niemand kann dich gnug preisen,
Aber trutze nicht, mein Pfeil ist gut,
Durchdringt ein Kleid von Eisen.
Alexander bellicos
Und Meander generos
Überwunden seind von mir.
Dann sterben müssen alle Leut,
Im Freithof sucht Quartier.

Menschen-Witz, was quälst dich viel,
Mit Sinnen und mit Dichten,
Du irrest doch, verfehlst das Ziel
Und fangst nur lähre Geschichten.
Siehe, meine Sensen hat gewetzt,
Der die Menschen zu richten gesetzt,
Wird sonst keinen andern finden.
Singt und sagt nun alle Leut:
Gott straft wegen der Sünden.

Aus einem Brief
an Friedrich den Großen

Was allerdings die Ewigkeit betrifft, so ist da doch alles etwas zwielichtiger; alles um uns herum gehört dem Reich des Zweifels an, und zweifeln ist ein unangenehmer Zustand. Gibt es denn einen Gott, der so ist, wie von ihm erzählt wird, eine Seele, wie man sie sich vorstellt, Verbindungen zwischen beiden, wie man sie im Gedanken knüpft? Lässt sich nach dem Augenblick des Lebens noch auf etwas anderes hoffen? … Möge der Philosophen-Held all dies entwirren, denn ich meinerseits kenne mich hier nicht aus.

Trinklied

Gestern, Brüder, könnt ihrs glauben?
Gestern bei dem Saft der Trauben,
(Bildet euch mein Schrecken ein!)
Kam der Tod zu mir herein.

Drohend schwang er seine Hippe,
Drohend sprach das Furchtgerippe:
Fort, du theurer Bacchusknecht!
Fort, du hast genug gezecht!

Lieber Tod, sprach ich mit Thränen,
Solltest du nach mir dich sehnen?
Sieh, da stehet Wein für dich
Lieber Tod, verschone mich!

Lächelnd greift er nach dem Glase;
Lächelnd macht ers auf der Base,
Auf der Pest, Gesundheit leer;
Lächelnd setzt ers wieder her.

Fröhlich glaub ich mich befreiet,
Als er schnell sein Drohn erneuet.
Narre, für dein Gläschen Wein
Denkst du, spricht er, los zu sein?

Tod, bat ich, ich möcht auf Erden
Gern ein Mediciner werden.
Lass mich: ich verspreche dir
Meine Kranken halb dafür.

Gut, wenn das ist, magst du leben,
Ruft er. Nur sei mir ergeben.
Lebe, bis du satt geküsst
Und des Trinkens müde bist.

O! Wie schön klingt dies den Ohren!
Tod, du hast mich neu geboren.
Dieses Glas voll Rebensaft,
Tod, auf gute Brüderschaft!

Ewig muss ich also leben,
Ewig! denn beim Gott der Reben!
Ewig soll mich Lieb und Wein,
Ewig Wein und Lieb erfreun!

MATTHIAS CLAUDIUS

Der Tod und das Mädchen

Das Mädchen
Vorüber! Ach, vorüber!
Geh, wilder Knochenmann!
Ich bin noch jung, geh, Lieber!
und rühre mich nicht an.

Der Tod
Gib deine Hand, du schön und zart Gebild!
Bin Freund, und komme nicht, zu strafen.
Sei gutes Muts! ich bin nicht wild,
Sollst sanft in meinen Armen schlafen!

GEORG CHRISTOPH LICHTENBERG

Der Wert des Nichtseins

Ich kann den Gedanken nicht los werden, dass ich *gestorben* war, ehe ich geboren wurde, und durch den Tod wieder in jenen Zustand zurückkehre. Es ist ein Glück in mancher Rücksicht, dass diese Vorstellung nicht zur Deutlichkeit gebracht werden kann. Wenn auch der Mensch jenes Geheimnis der Natur erraten kann, so wäre es doch sehr gegen ihr Interesse, wenn er es beweisen könnte. Sterben und wieder lebendig werden mit Erinnerung seiner vorigen Existenz, nennen wir ohnmächtig gewesen sein; wieder erwachen mit anderen Organen, die erst wieder gebildet werden müssen, heißt geboren werden …

Die wenigsten Menschen haben wohl recht über den Wert des *Nichtseins* gehörig nachgedacht. Unter Nichtsein nach dem Tode stelle ich mir den Zustand vor, in dem ich mich befand, ehe ich geboren ward. Es ist eigentlich nicht Apathie, denn die kann noch gefühlt werden, sondern es ist gar nichts. Gerate ich in diesen Zustand – wiewohl hier die Wörter *Ich* und *Zustand* gar nicht mehr passen; es ist, glaube ich, etwas, das dem ewigen Leben völlig das Gleichgewicht hält. *Sein* und *Nichtsein* stehen einander, wenn von empfindenden Wesen die Rede ist, nicht entgegen, sondern

Nichtsein und *höchste Glückseligkeit*. Ich glaube, man befindet sich gleich wohl, in welchem von beiden Zuständen man ist. Sein und *abwarten,* seiner Vernunft gemäß handeln, ist unsere Pflicht, da wir das Ganze nicht übersehen.

JOHANN WOLFGANG VON GOETHE

Erlkönig

Wer reitet so spät durch Nacht und Wind?
Es ist der Vater mit seinem Kind;
Er hat den Knaben wohl in dem Arm,
Er fasst ihn sicher, er hält ihn warm.

Mein Sohn, was birgst du so bang dein Gesicht? –
Siehst, Vater, du den Erlkönig nicht?
Den Erlenkönig mit Kron und Schweif? –
Mein Sohn, es ist ein Nebelstreif. –

»Du liebes Kind, komm, geh mit mir!
Gar schöne Spiele spiel ich mit dir;
Manch bunte Blumen sind an dem Strand,
Meine Mutter hat manch gülden Gewand.«

Mein Vater, mein Vater, und hörest du nicht,
Was Erlenkönig mir leise verspricht? –
Sei ruhig, bleibe ruhig, mein Kind;
In dürren Blättern säuselt der Wind. –

»Willst, feiner Knabe, du mit mir gehn?
Meine Töchter sollen dich warten schön;

Meine Töchter führen den nächtlichen Reihn
Und wiegen und tanzen und singen dich ein.« –

Mein Vater, mein Vater, und siehst du nicht dort
Erlkönigs Töchter am düstern Ort? –
Mein Sohn, mein Sohn, ich seh es genau:
Es scheinen die alten Weiden so grau. –

»Ich liebe dich, mich reizt deine schöne Gestalt;
Und bist du nicht willig, so brauch ich Gewalt.« –
Mein Vater, mein Vater, jetzt fasst er mich an!
Erlkönig hat mir ein Leids getan! –

Dem Vater grauset's, er reitet geschwind,
Er hält in Armen das ächzende Kind,
Erreicht den Hof mit Mühe und Not;
In seinen Armen das Kind war tot.

Ein Gleiches

Über allen Gipfeln
Ist Ruh;
In allen Wipfeln
Spürest du
Kaum einen Hauch;
Die Vögelein schweigen im Walde.
Warte nur, balde
Ruhest du auch.

Selige Sehnsucht

Sagt es niemand, nur den Weisen,
Weil die Menge gleich verhöhnet!
Das Lebend'ge will ich preisen,
Das nach Flammentod sich sehnet.

In der Liebesnächte Kühlung,
Die dich zeugte, wo du zeugtest,
Überfällt dich fremde Fühlung,
Wenn die stille Kerze leuchtet.

Nicht mehr bleibest du umfangen
In der Finsternis Beschattung,
Und dich reißet neu Verlangen
Auf zu höherer Begattung.

Keine Ferne macht dich schwierig,
Kommst geflogen und gebannt,
Und zuletzt, des Lichts begierig,
Bist du, Schmetterling, verbrannt.

Und so lang du das nicht hast,
Dieses: Stirb und werde!
Bist du nur ein trüber Gast
Auf der dunklen Erde.

FRIEDRICH SCHILLER

Rasch tritt der Tod den Menschen an

Rasch tritt der Tod den Menschen an,
Es ist ihm keine Frist gegeben,
Es stürzt ihn mitten in der Bahn,
Es reißt ihn fort vom vollen Leben,
Bereitet oder nicht, zu gehen,
Er muss vor seinen Richter stehen!

WOLFGANG AMADEUS MOZART

Brief an den Vater

Mon très cher Père!

Mir ist es sehr unangenehm, dass durch die Dummheit der storace mein Brief nicht in Ihre Hände gekommen ist; – ich schrieb Ihnen unter andern darin dass ich hofte Sie würden mein leztes Schreiben erhalten haben – da Sie aber von diesem Schreiben gar keine Meldung machen (es war der 2te Brief von Prag) so weis ich nicht was ich denken soll; – es ist leicht möglich dass so ein Bedienter vom Graf Thun es für gut befunden hat, das Postgeld im Sack zu stecken; – ich wollte doch lieber dopelt Postgeld zahlen, als meine Briefe in unrechten Händen wissen – diese Fasten kammen Ramm, und 2 Fisher hieher – der Bassist und der Oboist von London. – Wenn Letzterer zu der Zeit, als wir ihn in Holland kannten, nicht besser geblasen hat als er izt bläst, so verdient er gewis das Renomée nicht, welches er hat. – Jedoch unter uns gesagt. – ich war damals in den Jahren, wo ich nicht im stande war ein urtheil zu fällen – ich weis mich nur zu erinnern, dass er mir außerordentlich gefiel, so wie der ganzen Welt; – man wird es freylich natürlich finden, wenn man annimt dass sich der Geschmack außerordentlich geändert hat. – Er wird nach einer alten schule Spiellen – aber nein! – er Spielt, mit einem Wort, wie ein elender scolar – der junge André, der beym Fiala lernte, spielt tausendmal besser – und dann seine Conzerte! – Von seiner eigenen Composition – jedes Ritornell dauert eine Viertelstunde – dann erscheint der Held – hebt einen bleyernen fus nach dem andern auf – und Plumpsst dann wechselweise damit zur Erde – sein Ton ist ganz aus der Nase – und seine tenuta ein tremulant auf der Orgel. Hätten Sie sich dieses Bild vorgestellt? – und doch ists nicht als Wahrheit – aber Wahrheit die ich nur Ihnen sage. – Diesen Augenblick höre ich eine Nachricht die mich sehr niederschlägt – um so mehr als ich aus Ihrem lezten vermuthen konnte, dass Sie sich gottlob recht wohl befinden; Nun höre aber dass Sie wirklich krank seyen! wie sehnlich ich einer tröstenden Nachricht von Ihnen selbst entgegen sehe, brauche ich Ihnen doch wohl nicht zu sagen; und ich hoffe es auch gewis – obwohlen ich es mir zur Gewohnheit gemacht habe mir immer in allen Dingen das schlimmste vorzustellen – da der tod (genau zu nemmen) der wahre Endzweck unsers Lebens ist, so habe ich mich seit ein Paar Jahren mit diesem wahren, besten Freunde des Menschen so bekannt gemacht, dass sein Bild nicht allein nichts schreckendes mehr für mich hat, sondern recht viel beruhigendes und tröstendes! und ich danke meinem Gott, dass er mir das Glück gegönnt hat mir die Gelegenheit (Sie verstehen mich) zu verschaffen, ihn als den Schlüssel zu unserer wahren Glückseligkeit kennen zu lernen. – Ich lege mich nie zu Bette ohne zu bedenken, dass ich vielleicht (so jung als ich bin) den andern Tag nicht mehr seyn werde – und es wird doch kein Mensch von allen die mich kennen sagn können dass ich im Umgange mürrisch oder traurig wäre – und für diese Glückseeligkeit danke ich alle Tage meinem Schöpfer und wünsche sie vom Herzen Jedem meiner Mitmenschen. – Ich habe Ihnen in dem Briefe (so die Storace eingepackt hat) schon über diesen Punkt (bey Gelegenheit des traurigen Todesfalles meines liebsten besten Freundes grafen v. Hatzfeld) meine Denkungsart erklärt – er war eben 31 Jahre alt; wie ich – ich bedaure ihn nicht – aber wohl herzlich mich und alle die welche ihn so genau kannten wie ich. – Ich hoffe und wünsche dass Sie sich wehrend ich dieses schreibe besser befinden werden; sollten Sie aber wieder alles Vermuthen nicht besser seyn, so bitte ich Sie bey …… mir es nicht zu verhehlen, sondern mir die reine Wahrheit zu schreiben oder schreiben zu lassen, damit ich so geschwind als es menschenmöglich ist in Ihren Armen seyn kann; ich beschwöre Sie bey allem was – uns heilig ist. – – Doch hoffe ich bald einen trostreichen brief von Ihnen zu erhalten, und in dieser angenemmen Hoffnung küsse ich Ihnen sammt meinem Weibe und dem Carl 1000 mal die Hände, und bin ewig

Ihr gehorsamster Sohn
W: A: Mozart.

Wien den 4ten April 1787

Der Tod, diese erhabene Abendröte

Der Tod, diese erhabene Abendröte, dieses herübergesprochene große Amen unserer Hoffnung, würde sich wie ein schöner bekränzter Riese vor unser Lager stellen und uns allmächtig in den Äther heben, würden nicht in seine gigantischen Arme nur zerbrochene Menschen geworfen. Nur die Krankheit nimmt dem Sterben seinen Glanz.

Stammbuchblatt für einen Unbekannten

Es erschreckt uns,
Unser Retter, der Tod. Sanft kommt er
Leis im Gewölke des Schlafs,

Aber er bleibt fürchterlich, und wir sehen nur
Nieder ins Grab, ob er gleich uns zur Vollendung
Führt aus Hüllen der Nacht hinüber
In der Erkenntnisse Land.

NOVALIS

Sehnsucht nach dem Tode

Hinunter in der Erde Schoß,
Weg aus des Lichtes Reichen,
Der Schmerzen Wut und wilder Stoß
Ist froher Abfahrt Zeichen.
Wir kommen in dem engen Kahn
Geschwind am Himmelsufer an.

Gelobt sei uns die ew'ge Nacht,
Gelobt der ew'ge Schlummer.
Wohl hat der Tag uns warm gemacht,
Und welk der lange Kummer.
Die Lust der Fremde ging uns aus,
Zum Vater wollen wir nach Haus.

Was sollen wir auf dieser Welt
Mit unsrer Lieb' und Treue.
Das Alte wird hintangestellt,
Was soll uns dann das Neue.
O! einsam steht und tiefbetrübt,
Wer heiß und fromm die Vorzeit liebt.

Die Vorzeit, wo die Sinne licht
In hohen Flammen brannten,
Des Vaters Hand und Angesicht
Die Menschen noch erkannten,
Und hohen Sinns, einfältiglich
Noch mancher seinem Urbild glich.

Die Vorzeit, wo noch blütenreich
Uralte Stämme prangten,
Und Kinder für das Himmelreich
Nach Qual und Tod verlangten.
Und wenn auch Lust und Leben sprach,
Doch manches Herz für Liebe brach.

Die Vorzeit, wo in Jugendglut
Gott selbst sich kundgegeben
Und frühem Tod in Liebesmut
Geweiht sein süßes Leben.
Und Angst und Schmerz nicht von sich trieb,
Damit er uns nur teuer blieb.

Mit banger Sehnsucht sehn wir sie
In dunkle Nacht gehüllet,
In dieser Zeitlichkeit wird nie
Der heiße Durst gestillet.
Wir müssen nach der Heimat gehn,
Um diese heil'ge Zeit zu sehn.

Was hält noch unsre Rückkehr auf,
Die Liebsten ruhn schon lange.
Ihr Grab schließt unsern Lebenslauf,
Nun wird uns weh und bange.
Zu suchen haben wir nichts mehr –
Das Herz ist satt – die Welt ist leer.

Unendlich und geheimnisvoll
Durchströmt uns süßer Schauer –
Mir deucht, aus tiefen Fernen scholl
Ein Echo unsrer Trauer.
Die Lieben sehnen sich wohl auch
Und sandten uns der Sehnsucht Hauch.

Brief an Ulrike von Kleist

Ich kann nicht sterben, ohne mich, zufrieden und heiter, wie ich bin, mit der ganzen Welt, und somit auch, vor allen Anderen, meine theuerste Ulrike, mit dir versöhnt zu haben. Lass sie mich, die strenge Äußerung, die in dem Briefe an die Kleisten enthalten ist, lass sie mich zurücknehmen; wirklich, du hast an mir gethan, ich sage nicht, was in Kräften einer Schwester, sondern in Kräften eines Menschen stand, um mich zu retten: *die Wahrheit ist, dass mir auf Erden nicht zu helfen war.* Und nun lebe wohl; möge dir der Himmel einen Tod schenken, nur halb an Freude und unaussprechlicher Heiterkeit, dem meinigen gleich: das ist der herzlichste und innigste Wunsch, den ich für dich aufzubringen weiß.

Stimmings bei Potsdam

d. – am Morgen meines Todes.   Dein Heinrich.

Der Gevatter Tod

Es hatte ein armer Mann zwölf Kinder und musste Tag und Nacht arbeiten damit er ihnen nur Brot geben konnte. Als nun das dreizehnte zur Welt kam, wusste er sich in seiner Noth nicht zu helfen, lief hinaus auf die große Landstraße und wollte den ersten, der ihm begegnete, zu Gevatter bitten. Der erste der ihm begegnete, das war der liebe Gott, der wusste schon was er auf dem Herzen hatte, und sprach zu ihm ›armer Mann, du dauerst mich, ich will dein Kind aus der Taufe heben, will für es sorgen und es glücklich machen auf Erden.‹ Der Mann sprach ›wer bist du?‹ ›Ich bin der liebe Gott.‹ ›So begehr ich dich nicht zu Gevatter,‹ sagte der Mann, ›du giebst dem Reichen und lässest den Armen hungern.‹ Das sprach der Mann, weil er nicht wusste wie weislich Gott Reichthum und Armuth vertheilt. Also wendete er sich von dem Herrn und gieng weiter. Da trat der Teufel zu ihm und sprach ›was suchst du? willst du mich zum Pathen deines Kindes nehmen, so will ich ihm Gold die Hülle und Fülle und alle Lust der Welt dazu geben.‹ Der Mann fragte ›wer bist du?‹ ›Ich bin der Teufel.‹ ›So begehr ich dich nicht zum Gevatter,‹ sprach der Mann, ›du betrügst und verführst die Menschen.‹ Er gieng weiter, da kam der dürrbeinige Tod auf ihn zugeschritten und sprach ›nimm mich zu Gevatter.‹ Der Mann fragte ›wer bist du?‹ ›Ich bin der Tod, der alle gleich macht.‹ Da sprach der Mann ›du bist der rechte, du holst den Reichen wie den Armen ohne Unterschied, du sollst mein Gevattersmann sein.‹ Der Tod antwortete ›ich will dein Kind reich und berühmt machen, denn wer mich zum Freunde hat, dem kanns nicht fehlen.‹ Der Mann sprach ›künftigen Sonntag ist die Taufe, da stelle dich zu rechter Zeit ein.‹ Der Tod erschien wie er versprochen hatte, und stand ganz ordentlich Gevatter.

Als der Knabe zu Jahren gekommen war, trat zu einer Zeit der Pathe ein und hieß ihn mitgehen. Er führte ihn hinaus in den Wald, zeigte ihm ein Kraut, das da wuchs, und sprach ›jetzt sollst du dein Pathengeschenk empfangen. Ich mache dich zu einem berühmten Arzt. Wenn du zu einem Kranken gerufen wirst, so will ich dir jedesmal erscheinen: steh ich zu Häupten des Kranken, so kannst du keck sprechen, du wolltest ihn wieder gesund machen, und gibst du ihm dann von jenem Kraut ein, so wird er genesen; steh ich aber zu Füßen des Kranken, so ist er mein, und du musst sagen alle Hilfe sei umsonst und kein Arzt in der Welt könne ihn retten. Aber hüte dich dass du das Kraut nicht gegen meinen Willen gebrauchst, es könnte dir schlimm ergehen.‹

Es dauerte nicht lange, so war der Jüngling der berühmteste Arzt auf der ganzen Welt. ›Er braucht nur den Kranken anzusehen, so weiß er schon wie es steht, ob er wieder gesund wird, oder ob er sterben muss,‹ so hieß es von ihm, und weit und breit kamen die Leute herbei, holten ihn zu den Kranken und gaben ihm so viel Gold, dass er bald ein reicher Mann war. Nun trug es sich zu, dass der König erkrankte: der Arzt ward berufen und sollte sagen ob Genesung möglich wäre. Wie er aber zu dem Bette trat, so stand der Tod zu den Füßen des Kranken, und da war für ihn kein Kraut mehr gewachsen. ›Wenn ich doch einmal den Tod überlisten könnte,‹ dachte der Arzt, ›er wirds freilich übel nehmen, aber da ich sein Pathe bin, so drückt er wohl ein Auge zu: ich wills wagen.‹ Er fasste also den Kranken und legte ihn verkehrt, so dass der Tod zu Häupten desselben zu stehen kam. Dann gab er ihm von dem Kraute ein, und der König erholte sich und ward wieder gesund. Der Tod aber kam zu dem Arzte, machte ein böses und finsteres Gesicht, drohte mit dem Finger und sagte ›du hast mich hinter das Licht geführt: diesmal will ich dirs nachsehen, weil du mein Pathe bist, aber wagst du das noch einmal, so geht dirs an den Kragen, und ich nehme dich selbst mit fort.‹

Bald hernach verfiel die Tochter des Königs in eine schwere Krankheit. Sie war sein einziges Kind, er weinte Tag und Nacht, dass ihm die Augen erblindeten, und ließ bekannt machen wer sie vom Tode errettete, der sollte ihr Gemahl werden und die Krone erben. Der Arzt, als er zu dem Bette der Kranken kam, erblickte den Tod zu ihren Füßen. Er hätte sich der Warnung seines Pathen erinnern sollen, aber die große Schönheit der Königstochter und das Glück ihr Gemahl zu werden bethörten ihn so, dass er alle Gedanken in den Wind schlug. Er sah nicht dass der Tod ihm zornige Blicke zuwarf, die Hand in die Höhe hob und mit der dürren Faust drohte; er hob die Kranke auf, und legte ihr Haupt dahin, wo die Füße gelegen hatten. Dann gab er ihr das Kraut ein, und alsbald rötheten sich ihre Wangen, und das Leben regte sich von neuem.

Der Tod, als er sich zum zweiten Mal um sein Eigenthum betrogen sah, gieng mit langen Schritten auf den Arzt zu und sprach ›es ist aus mit dir und die Reihe kommt nun an dich,‹ packte ihn mit seiner eiskalten Hand so hart, dass er nicht widerstehen konnte, und führte ihn in eine unterirdische Höhle. Da sah er wie tausend und tausend Lichter in unübersehbaren Reihen brannten, einige groß, andere halbgroß, andere klein. Jeden Augenblick verloschen einige, und andere brannten wieder auf, also dass die Flämmchen in beständigem Wechsel hin und her zu hüpfen schienen. ›Siehst du,‹ sprach der Tod, ›das sind die Lebenslichter der Menschen. Die großen gehören Kindern, die halbgroßen Eheleuten in ihren besten Jahren, die kleinen gehören Greisen. Doch auch Kinder und junge Leute haben oft nur ein kleines Lichtchen.‹ ›Zeige mir mein Lebenslicht‹ sagte der Arzt und meinte es wäre noch recht groß. Der Tod deutete auf ein kleines Endchen, das eben auszugehen drohte und sagte ›siehst du, da ist es.‹ ›Ach, lieber Pathe,‹ sagte der erschrockene Arzt, ›zündet mir ein neues an, thut mirs zu Liebe, damit ich meines Lebens genießen kann, König werde und Gemahl der schönen Königstochter.‹ ›Ich kann nicht,‹ antwortete der Tod, ›erst muss eines verlöschen, eh ein neues anbrennt.‹ ›So setzt das alte auf ein neues, das gleich fortbrennt wenn jenes zu Ende ist,‹ bat der Arzt. Der Tod stellte sich als ob er seinen Wunsch erfüllen wollte, langte ein frisches großes Licht herbei: aber weil er sich rächen wollte versah ers beim Umstecken absichtlich, und das Stückchen fiel um und verlosch. Alsbald sank der Arzt zu Boden, und war nun selbst in die Hand des Todes gerathen.

Die Unzerstörbarkeit unseres Wesens

Der Tod ist die große Zurechtweisung, welche der Wille zum Leben, und näher der diesem wesentliche Egoismus, durch den Lauf der Natur erhält; und er kann aufgefasst werden als eine Strafe für unser Daseyn. Er ist die schmerzliche Lösung des Knotens, den die Zeugung mit Wollust geschürzt hatte, und die von außen eindringende, gewaltsame Zerstörung des Grundirrthums unsers Wesens: die große Enttäuschung. Wir sind im Grunde etwas, das nicht seyn sollte: darum hören wir auf zu seyn. – Der Egoismus besteht eigentlich darin, dass der Mensch alle Realität auf seine eigene Person beschränkt, indem er in dieser allein zu existiren wähnt, nicht in den andern. Der Tod belehrt ihn eines Bessern, indem er diese Person aufhebt, so dass das Wesen des Menschen, welches sein Wille ist, fortan nur in andern Individuen leben wird, sein Intellekt aber, als welcher selbst nur der Erscheinung, d.i. der Welt als Vorstellung, angehörte und bloß die Form der Außenwelt war, eben auch im Vorstellungseyn, d.h. im *objektiven* Seyn der Dinge als *solchem,* also ebenfalls nur im Daseyn der bisherigen Außenwelt, fortbesteht. Sein ganzes Ich lebt also von jetzt an nur in Dem, was er bisher als Nicht-Ich angesehn hatte: denn der Unterschied zwischen Äußerem und Innerem hört auf. Wir erinnern uns hier, dass der bessere Mensch der ist, welcher zwischen sich und den Andern den wenigsten Unterschied macht, sie nicht als absolut Nicht-Ich betrachtet, während dem Schlechten dieser Unterschied groß, ja absolut ist; – wie ich dies in der Preisschrift über das Fundament der Moral ausgeführt habe. Diesem Unterschiede gemäß fällt, dem Obigen zufolge, der Grad aus, in welchem der Tod als die Vernichtung des Menschen angesehn werden kann. – Gehn wir aber davon aus, dass der Unterschied von Außer mir und In mir, als ein räumlicher, nur in der Erscheinung, nicht im Dinge an sich gegründet, also kein absolut realer ist; so werden wir in dem Verlieren der eigenen Individualität nur den Verlust einer Erscheinung sehn, also nur scheinbaren Verlust. So viel Realität jener Unterschied auch im empirischen Bewusstseyn hat; so sind doch, vom metaphysischen Standpunkt aus, die Sätze: »Ich gehe unter, aber die Welt dauert fort«, und »Die Welt geht unter, aber ich dauere fort«, im Grunde nicht eigentlich verschieden.

Über dies Alles nun aber ist der Tod die große Gelegenheit, nicht mehr Ich zu seyn: wohl Dem, der sie benutzt. Während des Lebens ist der Wille des Menschen ohne Freiheit: auf der Basis seines unveränderlichen Charakters geht sein Handeln, an der Kette der Motive, mit Nothwendigkeit vor sich. Nun trägt aber Jeder in seiner Erinnerung gar Vieles, das er gethan, und worüber er nicht mit sich selbst zufrieden ist.

Lebte er nun immerfort; so würde er, vermöge der Unveränderlichkeit des Charakters, auch immerfort auf die selbe Weise handeln. Demnach muss er aufhören zu seyn was er ist, um aus dem Keim seines Wesens als ein neues und anderes hervorgehn zu können …

Das Sterben ist der Augenblick jener Befreiung von der Einseitigkeit einer Individualität, welche nicht den innersten Kern unsers Wesens ausmacht, vielmehr als eine Art Verirrung desselben zu denken ist: die wahre, ursprüngliche Freiheit tritt wieder ein, in diesem Augenblick, welcher, im angegebenen Sinn, als eine *restitutio in integrum* [Wiedereinsetzung in den vorherigen Stand: Ausdruck des römischen Rechts] betrachtet werden kann. Der Friede und die Beruhigung auf dem Gesichte der meisten Todten scheint daher zu stammen. Ruhig und sanft ist, in der Regel, der Tod jedes guten Menschen: aber willig sterben, gern sterben, freudig sterben, ist das Vorrecht des Resignirten, Dessen, der den Willen zum Leben aufgiebt und verneint. Denn nur er will *wirklich* und nicht bloß *scheinbar* sterben, folglich braucht und verlangt er keine Fortdauer seiner Person. Das Daseyn, welches wir kennen, giebt er willig auf: was ihm statt dessen wird, ist in unsern Augen *nichts;* weil unser Daseyn, auf jenes bezogen, *nichts* ist. Der Buddhaistische Glaube nennt jenes *Nirwana,* d. h. Erloschen.

Es kommt der Tod – jetzt will ich sagen

Es kommt der Tod – jetzt will ich sagen,
Was zu verschweigen ewiglich
Mein Stolz gebot: für dich, für dich,
Es hat mein Herz für dich geschlagen!

Der Sarg ist fertig, sie versenken
Mich in die Gruft. Da hab' ich Ruh'.
Doch du, doch du, Maria, du
Wirst weinen oft und mein gedenken.

Du ringst sogar die schönen Hände
O tröste dich – das ist das Los,
Das Menschenlos – was gut und groß
Und schön, das nimmt ein schlechtes Ende.

Ich weiß nicht, was soll es bedeuten

Ich weiß nicht, was soll es bedeuten,
Dass ich so traurig bin;
Ein Märchen aus alten Zeiten,
Das kommt mir nicht aus dem Sinn.

Die Luft ist kühl und es dunkelt,
Und ruhig fließt der Rhein;
Der Gipfel des Berges funkelt
Im Abendsonnenschein.

Die schönste Jungfrau sitzet
Dort oben wunderbar,
Ihr goldnes Geschmeide blitzet,
Sie kämmt ihr goldenes Haar.

Sie kämmt es mit goldenem Kamme
Und singt ein Lied dabei,
Das hat eine wundersame,
Gewaltige Melodei.

Den Schiffer im kleinen Schiffe
Ergreift es mit wildem Weh;
Er schaut nicht die Felsenriffe,
Er schaut nur hinauf in die Höh'.

Ich glaube, die Wellen verschlingen
Am Ende Schiffer und Kahn;
Und das hat mit ihrem Singen
Die Lorelei getan.

Epilog

Unser Grab erwärmt der Ruhm.
Torenworte, Narrentum!
Eine bessre Wärme gibt
Eine Kuhmagd, die verliebt
Uns mit dicken Lippen küsst
Und beträchtlich riecht nach Mist.
Gleichfalls eine bess're Wärme
Wärmt dem Menschen die Gedärme,
Wenn er Glühwein trinkt und Punsch
Oder Grog nach Herzenswunsch
In den niedrigsten Spelunken
Unter Dieben und Halunken,
Die dem Galgen sind entlaufen,
Aber leben, atmen, schnaufen
Und beneidenswerter sind
Als der Thetis großes Kind –
Der Pelide sprach mit Recht:
»Leben wie der ärmste Knecht
In der Oberwelt ist besser
Als am stygischen Gewässer
Schattenführer sein, ein Heros,
Den besungen selbst Homeros.«

HONORÉ DE BALZAC

Vom Selbstmord

Es ist etwas Großes und Erschütterndes um den Selbstmord.

Die meisten Menschen sind nicht gefährdet, wenn sie fallen wie die Kinder, die aus zu geringer Höhe fallen, als dass sie sich verletzen könnten. Wenn aber ein Mensch im Falle sich zerschmettert, muss er aus großer Höhe gestürzt sein, muss sich im Drängen nach einem unerreichbaren Paradiese bis in die Himmel erhoben haben. Wie gnadenlos müssen die Stürme sein, die einen Menschen dahin tragen, wo er den Frieden seiner Seele in der Mündung einer Pistole suchen muss!

Es gibt eine Menge begabter junger Menschen, die in der Enge ihrer Dachstuben hinsiechen und inmitten einer Million Mitmenschen, umgeben von der geldmüden, gelangweilten Gesellschaft, zugrunde gehen, weil sie keinen Freund haben und keine Freundin, die sie tröstete. Wenn man daran denkt, bekommt jeder Selbstmord etwas Gigantisch-Furchtbares.

Wie viele Pläne, im Stiche gelassene Dichtungen, Verzweiflungen und erstickte Schreie, wie viele unnütze Versuche und vertane Meisterwerke in die Spanne zwischen dem freiwilligen Tode und der üppig treibenden Hoffnung, deren Stimme die jungen Menschen nach Paris lockt, zusammengedrängt sind, das weiß nur Gott allein. Jeder Selbstmord ist eine erhabene Dichtung der Schwermut. Wo vermöchte man im Ozean der Literatur ein Buch zu finden, das an Genie mit der Zeitungsnotiz wetteifern könnte:

»Gestern um vier Uhr stürzte sich vom Pont des Arts eine junge Frau in die Seine.«

Man stirbt auf zwei verschiedene Arten

Alte und neue Bildhauer haben oft auf jede Seite des Grabes einen Genius mit entzündeter Fackel gestellt. Der Todesweg soll erhellt werden, dem Sterbenden soll ein Licht auf seine Fehler und Irrtümer fallen. Die Bildhauerei gestaltet da einen großen Vorwurf; sie drückt eine menschliche Gegebenheit aus. Der Todeskampf hat seine eigene Weisheit. Einfache junge Mädchen im zartesten Alter offenbaren plötzlich die Vernunft eines Hundertjährigen, werden hellseherisch, durchschauen ihre Familie und machen die ganze Komödie überflüssig. Man darf darin die Poesie des Todes sehen. Aber, wie seltsam und wie bemerkenswert: man stirbt auf zwei verschiedene Arten. Die Poesie der Hellsichtigkeit, die Fähigkeit, nach vorwärts oder rückwärts die Dinge zu durchschauen, wird nur denjenigen Sterbenden zuteil, die an einer Erkrankung der körperlichen Organe allein zugrunde gehen. Ludwig xiv., der am Krebs starb, die Schwindsüchtigen, die Kranken, die wie Pons von einem Fieber oder wie Frau de Mortsauf vom Magen her oder wie die Soldaten von plötzlichen Verwundungen hinweggerafft werden – bei ihnen allen findet man diese hohe Entrückung, sie alle liefern die Beispiele für einen überraschenden, wunderbaren Tod, während Leute, deren Verstand oder Hirn durch die Krankheit berührt wird, vollständig sterben, weil der Nervenapparat nicht mehr dem Körper den Brennstoff des Gedankens zuführen kann. Bei ihnen verdunkeln sich Geist und Körper zur gleichen Zeit. Die einen verwirklichen als Seelen ohne Leib die biblischen Gespenster, die anderen sind reine Kadaver.

An meine Rose

Frohlocke, schöne junge Rose,
Dein Bild wird nicht verschwinden,
Wenn auch die Glut, die dauerlose,
Verweht in Abendwinden.

So süßer Duft, so helle Flamme
Kann nicht für irdisch gelten,
Du prangst am stolzen Rosenstamme,
Verpflanzt aus andern Welten.

O weilten wir in jenen Lüften,
Wo keine Schranke wehrte,
Dass ich mit deinen Zauberdüften
Die Ewigkeiten nährte! –

Hier nahn die Augenblicke, – schwinden
An dir vorüber immer,
Ein jeder eilt, dich noch zu finden
In deinem Jugendschimmer;

Und ich, wie sie, muss immer eilen
mit allem meinem Lieben
An dir vorbei, darf nie verweilen,
Von Stürmen fortgetrieben.

Doch hat, du holde Wunderblume,
Mein Herz voll süßen Bebens
Dich mir gemalt zum Eigentume
Ins Tiefste meines Lebens,

Wohin der Tod, der Ruhebringer,
Sich scheuen wird zu greifen,
Wenn endlich seine sanften Finger
Mein Welkes niederstreifen.

JOSEPH VON EICHENDORFF

Der Umkehrende

Es wandelt, was wir schauen,
Tag sinkt ins Abendrot,
Die Lust hat eignes Grauen,
Und alles hat den Tod.

Ins Leben schleicht das Leiden
Sich heimlich wie ein Dieb,
Wir alle müssen scheiden
Von allem, was uns lieb.

Was gäb es doch auf Erden,
Wer hielt den Jammer aus,
Wer möcht geboren werden,
Hieltst Du nicht droben Haus!

Du bist's, der, was wir bauen,
Mild über uns zerbricht,
Dass wir den Himmel schauen –
Darum so klag ich nicht.

Der letzte Tag eines Verurteilten

Also begegnen wir mutig dem Tode, nehmen wir diesen schrecklichen Gedanken in beide Hände und blicken wir ihm ins Gesicht. Verlangen wir Rechenschaft von ihm, was er ist, suchen wir zu ergründen, was er von uns will, wenden wir ihn nach allen Seiten, buchstabieren wir das Rätsel und blicken wir im voraus ins Grab.

Es scheint mir, dass ich, sobald meine Augen geschlossen sind, eine große Helligkeit und Abgründe von Licht sehen werde, in denen mein Geist endlos umhertreiben wird. Es scheint mir, dass der Himmel aus seiner eigenen Kraft leuchten wird, dass die Sterne dunkle Flecken am Himmel bilden werden und dass sie, statt wie für die Augen der Lebenden Goldblättchen auf schwarzem Samt zu sein, als schwarze Punkte auf Goldstoff erscheinen werden.

Oder vielleicht wird da ein scheußlicher tiefer Schlund sein, dessen Wände mit Schatten tapeziert sind und in den ich Elender unaufhaltsam stürzen werde, während ich ringsum im Schatten Gestalten sich bewegen sehe.

Oder vielleicht werde ich mich, plötzlich erwachend, auf irgendeiner ebenen und feuchten Oberfläche befinden, auf der ich in der Dunkelheit dahinkrieche und mich um mich selbst drehe, wie ein Kopf, der dahinrollt. Ich habe das Gefühl, dass ein gewaltiger Wind wehen wird, der mich dahintreibt, und dass ich hier und da von anderen rollenden Köpfen getroffen werde. Stellenweise wird es Tümpel und Gossen geben, mit einer unbekannten, lauen Flüssigkeit; alles wird schwarz sein. Wenn meine Augen, bei ihrer Umdrehung, nach oben gewandt sind, so werden sie nur einen tief verschatteten Himmel sehen, dessen dichte Wolken tief herabhängen werden, und in der Ferne, im Hintergrund, große Bogen von Rauch, noch schwärzer als die Schatten. Sie werden auch kleine rote Funken in der Nacht flattern sehen, die, wenn sie näher kommen, zu feurigen Vögeln werden. Und so wird es die ganze Ewigkeit hindurch sein.

Es ist auch gut möglich, dass sich zu gewissen Terminen die Toten der Grève in schwarzen Winternächten auf dem Platz versammeln, der ihnen gehört. Das wird eine fahle und blutige Menge sein, und ich werde nicht dabei fehlen. Der Mond wird nicht scheinen, und man wird mit leiser Stimme sprechen. Das Rathaus wird da sein, mit seiner wurmstichigen Fassade, seinem zerschlissenen Dach und seinem großen Zifferblatt, das für uns alle ohne Erbarmen gewesen sein wird. Auf dem Platz wird eine Höllenguillotine stehen, mit der ein Teufel einen Scharfrichter hinrichten wird; es wird vier Uhr morgens sein. Und diesmal werden wir die Menge bilden.

Es ist wahrscheinlich, dass es so sein wird. Aber

wenn diese Toten auferstehen, in welcher Gestalt werden sie wiederkommen? Was wird ihnen bleiben von ihrem verstümmelten, unvollständigen Körper? Was wählen sie? Wird der Kopf oder der Rumpf als Gespenst auftreten?

Ach, und was wird der Tod aus unserer Seele machen? Welche Natur lässt er ihr? Was hat er ihr zu nehmen oder zu geben! Wohin versetzt er sie? Verleiht er ihr bisweilen Augen aus Fleisch und Blut, um auf die Erde zu schauen und zu weinen?

Die Maske des Roten Todes

Lange schon wütete der Rote Tod im Lande; nie
war eine Pest verheerender, nie eine Krankheit
grässlicher gewesen. Blut war der Anfang, Blut das
Ende – überall das Rot und der Schrecken des Blutes.
Mit stechenden Schmerzen und Schwindelanfällen
setzte es ein, dann quoll Blut aus allen Poren, und das
war der Beginn der Auflösung. Die scharlachroten
Tupfen am ganzen Körper der unglücklichen Opfer –
und besonders im Gesicht – waren des Roten Todes
Bannsiegel, das die Gezeichneten von der Hilfe und
der Teilnahme ihrer Mitmenschen ausschloss; und alles, vom ersten Anfall bis zum tödlichen Ende, war das
Werk einer halben Stunde.

Prinz Prospero aber war fröhlich und unerschro-
cken und weise. Als sein Land schon zur Hälfte ent-
völkert war, erwählte er sich unter den Rittern und
Damen des Hofes eine Gesellschaft von tausend heiteren und leichtlebigen Kameraden und zog sich mit
ihnen in die stille Abgeschiedenheit einer befestigten
Abtei zurück …

Im fünften oder sechsten Monat der fröhlichen Zu-
rückgezogenheit versammelte Prinz Prospero – wäh-

rend draußen die Pest noch mit ungebrochener Gewalt
raste – seine tausend Freunde auf einem Maskenball
von unerhörter Pracht. Reichtum und zügellose Lust
herrschten auf dem Feste. Doch ich will zunächst die
Räumlichkeiten schildern, in denen das Fest abgehalten wurde.

Es waren sieben wahrhaft königliche Gemächer. Im
allgemeinen bilden in den Palästen solche Festräume –
da die Flügeltüren nach beiden Seiten bis an die Wand
zurückgeschoben werden können – eine lange Zim-
merflucht, die einen weiten Durchblick gewährt. Dies
war hier jedoch nicht der Fall. Des Prinzen Vorliebe
für alles Absonderliche hatte die Gemächer vielmehr
so zusammengegliedert, dass man von jedem Stand-
ort immer nur einen Saal zu überschauen vermochte.
Nach Durchquerung jedes Einzelraumes gelangte
man an eine Biegung, und jede dieser Wendungen
brachte ein neues Bild. In der Mitte jeder Seitenwand
befand sich ein hohes, schmales gotisches Fenster, hinter dem eine schmale Galerie den Windungen der
Zimmerreihe folgte. Die Fenster hatten Scheiben aus
Glasmosaik, dessen Farbe immer mit dem vorherr-
schenden Farbenton des betreffenden Raumes über-
einstimmte …

Nun waren sämtliche Gemächer zwar reich an gol-
denen Ziergegenständen, die an den Wänden entlang
standen oder von der Decke herabhingen, kein einziges aber besaß einen Kandelaber oder Kronleuchter. In
der ganzen Zimmerreihe gab es weder Lampen- noch

Kerzenlicht. Statt dessen war draußen in den an den Zimmern hinlaufenden Galerien vor jedem Fenster ein schwerer Dreifuß aufgestellt, der ein kupfernes Feuerbecken trug, dessen Flamme ihren Schein durch das farbige Fenster hereinwarf und so den Raum schimmernd erhellte. Hierdurch wurden die phantastischen Wirkungen erzielt. In dem westlichsten oder schwarzen Gemach aber war der Glanz der Flammenglut, der durch die blutig-roten Scheiben in die schwarzen Sammetfalten fiel, so gespenstisch und gab den Gesichtern der hier Eintretenden ein derart erschreckendes Aussehen, dass nur wenige aus der Gesellschaft kühn genug waren, den Fuß über die Schwelle zu setzen.

In diesem Gemach befand sich an der westlichen Wand auch eine hohe Standuhr in einem riesenhaften Ebenholzkasten. Ihr Pendel schwang mit dumpfem, wuchtigem, eintönigem Schlag hin und her; und wenn der Minutenzeiger seinen Kreislauf über das Zifferblatt beendet hatte und die Stunde schlug, so kam aus den ehernen Lungen der Uhr ein voller, tiefer, sonorer Ton, dessen Klang so sonderbar ernst und so feierlich war, dass bei jedem Stundenschlag die Musikanten des Orchesters, von einer unerklärlichen Gewalt gezwungen, ihr Spiel unterbrachen, um diesem Ton zu lauschen. So musste der Tanz plötzlich aussetzen, und eine kurze Missstimmung befiel die heitere Gesellschaft. Solange die Schläge der Uhr ertönten, sah man selbst die Fröhlichsten erbleichen, und die Älteren und Besonneneren strichen mit der Hand über die Stirn, als wollten sie wirre Traumbilder oder unliebsame Gedanken verscheuchen. Kaum aber war der letzte Nachhall verklungen, so durchlief ein lustiges Lachen die Versammlung ...

Jetzt aber musste der Schlag der Uhr zwölfmal ertönen; und daher kam es, dass jenen, die in diesem Kreis die Nachdenklichen waren, noch trübere Gedanken kamen und dass ihre Versonnenheit noch länger andauerte. Und daher kam es wohl auch, dass, bevor noch der letzte Nachhall des letzten Stundenschlages erstorben war, manch einer Muße genug gefunden hatte, eine Maske zu bemerken, die bisher noch keinem aufgefallen war. Das Gerücht von dieser neuen Erscheinung sprach sich flüsternd herum, und es erhob sich in der ganzen Versammlung ein Summen und Murren des Unwillens und der Entrüstung – das schließlich zu Lauten des Schreckens, des Entsetzens und höchsten Abscheus anwuchs.

Man kann sich wohl denken, dass es keine gewöhnliche Erscheinung war, die den Unwillen einer so toleranten Gesellschaft erregen konnte. Man hatte in dieser Nacht der Maskenfreiheit zwar sehr weite Grenzen gezogen, doch die fragliche Gestalt war in der Tat zu weit gegangen – über des Prinzen weitgehende Duldsamkeit hinaus. Auch in den Herzen der Übermütigsten gibt es Saiten, die nicht berührt werden dürfen, und selbst für die Verstocktesten, denen Leben und Tod nur Spiel sind, gibt es Dinge, mit denen sie nicht Scherz treiben lassen. Einmütig schien die Gesellschaft zu empfinden, dass in Tracht und Benehmen der befremdenden Gestalt weder Witz noch Anstand sei. Lang und hager war die Erscheinung, von Kopf zu Fuß in Leichentücher gehüllt. Die Maske, die das Gesicht verbarg, war dem Antlitz eines Toten täuschend nachgebildet. Doch all dies hätten die tollen Gäste des tollen Gastgebers, wenn es ihnen auch nicht gefiel, hingehen lassen. Aber der Verwegene war so weit gegangen, die Gestalt des Roten Todes darzustellen. Sein Gewand war blutbesudelt, und seine breite Stirn, das ganze Gesicht sogar war mit dem scharlachroten Todessiegel gefleckt.

Als die Blicke des Prinzen Prospero diese Gespenstergestalt entdeckten, die, um ihre Rolle noch wirkungsvoller zu spielen, sich langsam und feierlich durch die Reihen der Tanzenden bewegte, sah man, wie er im ersten Augenblick von einem Schauer des Entsetzens oder des Widerwillens geschüttelt wurde; im nächsten Moment aber rötete sich seine Stirn in Zorn.

»Wer wagt es«, fragte er mit heiserer Stimme die Höflinge an seiner Seite, »wer wagt es, uns durch solch gotteslästerlichen Hohn zu empören? Ergreift und demaskiert ihn, damit wir wissen, wer es ist, der bei Sonnenaufgang an den Zinnen unseres Schlosses aufgeknüpft werden wird!« ...

Das blaue Zimmer war es, in dem der Prinz stand, umgeben von einer Gruppe bleicher Höflinge. Sein Befehl brachte Bewegung in die Höflingsschar, als wolle man den Eindringling ergreifen, der gerade jetzt ganz in der Nähe war und mit würdevoll gemessenem Schritt dem Sprecher näher trat. Doch das namenlose Grauen, das die wahnwitzige Vermessenheit des Vermummten allen eingeflößt hatte, war so stark, dass keiner die Hand ausstreckte, um ihn aufzuhalten. Ungehindert kam er bis dicht an den Prinzen heran – und während die zahlreiche Versammlung, zu Tode entsetzt, zur Seite wich und sich in allen Gemächern bis an die Wand zurückdrängte, ging er unangefochten seines Weges, mit den nämlichen feierlichen und gemessenen Schritten wie zu Beginn. Und er schritt von dem blauen Zimmer in das purpurrote – von dem purpurroten in das grüne – von dem grünen in das orangefarbene – und aus diesem in das weiße – und weiter noch in das violette Zimmer, ehe eine entscheidende Bewegung gemacht wurde, um ihn aufzuhalten. Dann aber war es Prinz Prospero, der rasend vor Zorn und Scham über seine eigene, unbegreifliche Feigheit die sechs Zimmer durcheilte – er allein, denn von den andern vermochte vor tödlichem Schrecken kein Einziger ihm zu folgen. Den Dolch in der erhobenen Hand, war er in wildem Ungestüm der weiterschreitenden Gestalt bis auf drei oder vier Schritte nahe gekommen, als sie, die jetzt das Ende des Sammetgemaches erreicht hatte, sich plötzlich zurückwandte und dem Verfolger gegenüberstand. Man hörte einen durchdringenden Schrei, der Dolch fiel blitzend auf den schwarzen Teppich, und im nächsten Augenblick sank auch Prinz Prospero im Todeskampf zu Boden.

Nun stürzten mit dem Mute der Verzweiflung einige der Gäste in das schwarze Gemach und ergriffen den Vermummten, dessen hohe Gestalt aufrecht und regungslos im Schatten der schwarzen Uhr stand. Doch unbeschreiblich war das Grauen, das sie befiel, als sie in den Leichentüchern und hinter der Leichenmaske, die sie mit rauhem Griffe packten, nichts Greifbares fanden – sie war leer …

Und nun erkannte man die Gegenwart des Roten Todes. Er war gekommen wie ein Dieb in der Nacht. Und einer nach dem andern sanken die Festgenossen in den blutbetauten Hallen ihrer Lust zu Boden und starben – ein jeder in der verzerrten Lage, in der er verzweifelnd niedergefallen war. Und das Leben in der Ebenholzuhr erlosch mit dem Leben des Letzten der Fröhlichen. Und die Gluten in den Kupferpfannen verglommen. Und unbeschränkt herrschte über alles mit Finsternis und Verwesung der Rote Tod.

Sommerbild

Ich sah des Sommers letzte Rose stehn,
Sie war, als ob sie bluten könne, rot;
Da sprach ich schauernd im Vorübergehn:
So weit im Leben, ist zu nah am Tod!

Es regte sich kein Hauch am heißen Tag,
Nur leise strich ein weißer Schmetterling;
Doch, ob auch kaum die Luft sein Flügelschlag
Bewegte, sie empfand es und verging.

SÖREN KIERKEGAARD

Die Verwandtschaft des Todes

Wenn man auf die eine oder andere Weise fürchtet, dass man die Übersicht nicht behalten könne über das, was mannigfaltig und weitläufig ist, so sucht man sich einen kurzen Inbegriff des Ganzen zu verschaffen oder geben zu lassen – um der Überschau willen. So ist denn der Tod der kürzeste Inbegriff des Lebens, oder ist das Leben, auf dessen kürzeste Gestalt zurückgeführt. Deshalb ist es auch stets denen, die in Wahrheit über das menschliche Leben nachdenken, so wichtig gewesen, viele, viele Male mit Hilfe des kurzen Inbegriffs die Probe zu machen auf das, was sie vom Leben verstanden hatten. Denn kein Denker ist so sehr des Lebens mächtig, wie der Tod das ist, dieser mächtige Denker, der nicht bloß jeden Sinnentrug denkend durchdringt, sondern ihn zu Grund und Boden denken, ihn zunichtedenken kann. Wofern nun alles für dich in Verwirrung gerät, indes du die mannigfaltigen Wege des Lebens betrachtest, so gehe hinaus zu den Toten, »wo sich alle Wege treffen« – dann ist ja die Überschau leicht. Wofern es dich schwindelt, indes du wieder und wieder des Lebens Verschiedenheiten erblickst und davon hörst, so gehe hinaus zu den Toten, dort hast du Macht über die Verschiedenheiten: unter »des Staubes Brüderschaft« gibt es keine Unterschiede, sondern nur die nahe Verwandtschaft. Denn dass alle Menschen Blutsverwandte sind, also eines Blutes sind, diese Verwandtschaft des Lebens, das wird im Leben so oft geleugnet; aber dass sie eines Staubes sind, diese Verwandtschaft des Todes, das lässt sich nicht leugnen.

Ja, gehe einmal wieder hinaus zu den Toten, um dort das Leben aufs Ziel zu nehmen: genauso verhält sich ja der Schütze, er sucht einen Platz, wo der Feind ihn nicht treffen kann, von wo er aber den Feind treffen kann und wo er vollkommene Ruhe zum Zielen haben kann. Wähle nicht die Abendstunde zum Besuch, denn die Ruhe, welche am Abend herrscht und die des Abends unter den Toten verbracht wird, ist oft nicht weit entfernt von einer gewissen Überspanntheit, welche anstrengt und »mit Unruhe sättigt«, neue Rätsel aufgibt, anstatt die aufgegebenen zu erklären. Nein, gehe zeitiger am Vormittag hinaus, wenn die Morgensonne durch die Zweige blickt im Wechsel von Licht und Schatten, wenn Schönheit und Freundlichkeit des Friedhofs, wenn das Vogelgezwitscher und das mannigfaltige Leben dort draußen dich fast vergessen lassen, dass du unter Toten bist. Es wird dir dann so scheinen, als wärst du in ein fremdes Land gekommen, das unbekannt geblieben ist mit Verwirrung und Zertrennung des Lebens, im Zustand der Kindheit geblieben, bestehend aus lauter kleinen Familien. Hier draußen ist nämlich erreicht, wonach man im Leben vergebens getrachtet hatte: die gleichmäßige

Verteilung. Jede Familie hat ein kleines Stück Erde für sich, ungefähr gleich groß. Die Aussicht ist ungefähr dieselbe für sie alle; die Sonne kann gleichmäßig über sie alle scheinen; kein Gebäude erhebt sich so hoch, dass es die Strahlen der Sonne oder die Erquickung durch den Regen oder den frischen Luftzug des Windes oder den Widerhall des Vogelgesangs dem Nachbarn oder dem Gegenüber wegnimmt. Nein, hier herrscht die gleichmäßige Verteilung. Denn im Leben geschieht es wohl zuweilen einer Familie, die in Überfluss und Wohlstand gelebt hat, dass sie sich einschränken muss; aber im Tode haben sie sich alle einschränken müssen. Einen kleinen Unterschied mag es geben, vielleicht den einer Elle in der Größe des Bodenstücks, oder den, dass die eine Familie einen Baum besitzt, den der andere Einsasse nicht auf seinem Stück hat. Weshalb, glaubst du, besteht dieser Unterschied? Er besteht, um dich durch seine Geringfügigkeit tiefsinnig äffend daran zu erinnern, wie groß der Unterschied gewesen sei. So liebevoll ist der Tod. Denn es ist eben Liebe vom Tod, dass er mit Hilfe dieses kleinen Unterschieds in erhebendem Scherz an den großen erinnert. Der Tod sagt nicht: »Es gibt überhaupt keinen Unterschied«, er sagt: »Da kannst du sehen, was der Unterschied war: eine halbe Elle.« Wofern es diesen kleinen Unterschied nicht gäbe, so wäre ja auch der Inbegriff des Todes nicht ganz zuverlässig. So kehrt denn das Leben im Tode zurück zur Kindlichkeit. Im Kindesalter war es ja auch der große Unterschied, dass einer einen Baum besaß, eine Blume, einen Stein. Und dieser

Unterschied war eine Andeutung dessen, was sich dann im Leben nach einem ganz anderen Maßstab zeigen sollte. Jetzt ist das Leben vorbei, und unter den Toten ist die kleine Andeutung des Unterschieds zurückgeblieben als eine im Scherz gemilderte Erinnerung daran, wie es war.

Einer Toten

Das aber kann ich nicht ertragen,
Dass so wie sonst die Sonne lacht;
Dass wie in deinen Lebenstagen
Die Uhren gehn, die Glocken schlagen,
Einförmig wechseln Tag und Nacht;

Dass, wenn des Tages Lichter schwanden,
Wie sonst der Abend uns vereint;
Und dass, wo sonst dein Stuhl gestanden,
Schon andre ihre Plätze fanden,
Und nichts dich zu vermissen scheint;

Indessen von den Gitterstäben
Die Mondesstreifen schmal und karg
In deine Gruft hinunterweben,
Und mit gespenstig trübem Leben
Hinwandeln über deinen Sarg.

GOTTFRIED KELLER

Dir will ich mich vertrauen

...

Willkommen, Tod! dir will ich mich vertrauen,
Lass mich in deine treuen Augen schauen
Zum ersten Male fest und klar!
Wie wenn man einen neuen Freund gefunden,
Kaum noch von der Verlassenheit umwunden,
So wird mein Herz der Qual und Sorge bar.

Tief schau ich dir ins Aug, das sternenklare.
Wie stehn dir gut die feuchten, schwarzen Haare,
Wie weiß ist deine kühle Hand!
O lege sie in meine warmen Hände,
Dein heilges Antlitz zu mir nieder wende –
Wohl mir! ich habe endlich dich erkannt!

Ob mir auch noch beglückte Stunden schlagen,
Ich will dich heimlich tief im Herzen tragen.
Und *wo* mich einst dein Gruß ereilt
Im Blütenfeld, im schimmervollen Saale,
Auf stillem Bett, im schlachterfüllten Tale,
Ich folge dir getrost und unverweilt. –

Die Nacht vergeht, die grauen Wolken fliegen,
Der Tag erwacht und seine Strahlen siegen,
Im Osten steigt der Sonnenschild empor,
Es blitzt sein Schein auf meinen alten Wegen;
Ein andrer aber tret ich ihm entgegen,
Der ich die Furcht des Todes still verlor.

Der Tod des Iwan Iljitsch

Mit dieser Minute begann jenes drei Tage lang andauernde Schreien, das so entsetzlich war, dass man es hinter zwei Türen nicht ohne Grauen hören konnte. In dem Augenblick, da er der Frau Antwort gab, begriff er, dass er verloren war, dass keine Rückkehr möglich war, dass das Ende gekommen war, das letzte Ende, und dass der Zweifel nicht gelöst war, sondern Zweifel blieb.

»Hu! Hu-hu! Hu!«, schrie er in verschiedenen Tonarten. Er hatte angefangen zu schreien: »Ne chotschu!« (Ich will nicht!) und fuhr nun fort, den U-Laut hervorzustoßen.

Alle die drei Tage, in denen es keine Zeit für ihn gab, zappelte er in dem schwarzen Sack, in den eine unsichtbare, unüberwindliche Gewalt ihn stopfte. Er schlug um sich, wie ein zum Tode Verurteilter in den Armen des Henkers um sich schlägt, obwohl er weiß, dass er nicht gerettet werden kann; und mit jeder Minute fühlte er, dass er trotz aller Bemühungen, Widerstand zu leisten, näher und näher zu dem kam, was ihn entsetzte. Er fühlte, dass seine Qual darin bestand, dass er in dieses schwarze Loch gestopft wurde, und noch mehr darin, dass er nicht hineinkonnte. Hineinzukommen aber hinderte ihn die Überzeugung, dass sein Leben ein gutes gewesen war. Eben diese Rechtfertigung des eigenen Lebens hielt ihn fest, ließ ihn nicht vordringen und quälte ihn am allermeisten.

Plötzlich stieß irgendeine Gewalt ihn vor die Brust, in die Seite, presste ihm noch stärker den Atem zusammen, er stürzte ins Loch hinab, und dort unten, am Ende des finstern Raumes, leuchtete etwas auf. Ihn überkam ein Gefühl, wie er es im Eisenbahnwagen gehabt hatte, wenn man glaubt vorwärts zu fahren, in Wahrheit aber rückwärts fährt und plötzlich die wahre Richtung erkennt.

»Ja, alles das war nicht das Richtige«, sagte er zu sich selbst, »aber das tut nichts. Man kann, man kann das Richtige machen. Was aber ist das Richtige?«, fragte er sich und wurde mit einem Male still.

Das war am Ende des dritten Tages, zwei Stunden vor seinem Tode. Um dieselbe Zeit kam der Gymnasiast leise zum Vater geschlichen und trat vor sein Bett hin. Der Sterbende schrie immer noch verzweifelt und schlug mit den Händen um sich. Seine Hand traf den Kopf des Knaben. Der Knabe ergriff sie, drückte sie an seine Lippen und weinte.

In diesem selben Augenblick stürzte Iwan Iljitsch hinab, sah Licht, und es ward ihm offenbar, dass sein Leben nicht so gewesen war, wie es hätte sein sollen, dass es aber noch gutgemacht werden konnte. Er fragte sich: »Was ist denn das Richtige?« – und verstummte aufhorchend. Da fühlte er, dass jemand seine Hand küsste. Er öffnete die Augen und erblickte seinen Sohn. Der Junge dauerte ihn. Seine Frau trat zu ihm. Er sah auch sie an. Mit geöffnetem Mund und ungetrockneten Tränen an der Nase und auf der Wange sah sie ihn mit verzweifeltem Gesichtsausdruck an. Auch sie dauerte ihn.

»Ja, ich quäle sie«, dachte er. »Es ist ihnen leid um mich, aber es wird ihnen besser sein, wenn ich sterbe.« Er wollte ihnen das sagen, konnte es aber nicht herausbringen. »Übrigens – wozu reden? Ich muss es tun«, dachte er. Er wies die Frau mit einem Blick auf den Sohn und sagte:

»Führ ihn weg ... er dauert mich ... auch du ...« Er wollte noch sagen: »vergib«, sagte aber statt dessen nur »gib«, und da er nicht mehr imstande war, sich zu verbessern, verzichtete er darauf in der Erkenntnis, dass der, auf den es ankam, es schon richtig verstehen würde.

Und plötzlich wurde ihm klar, dass das, was ihn gequält hatte und nicht ans Licht kommen wollte, jetzt mit einem Male kam – von zwei Seiten, von zehn Seiten, von allen Seiten. Sie dauerten ihn, sie sollten keine Schmerzen leiden. Er musste sie und sich selbst von diesen Qualen erlösen. »Wie schön und wie einfach«, dachte er. »Und der Schmerz?«, fragte er sich. »Wo soll ich mit dem hin? Nun, wo bist du denn, Schmerz?«

Er lauschte.

»Ja, da ist er. Nun, mag es schmerzen.«

Und der Tod? Wo ist der?

Er suchte seine bisherige gewohnte Todesfurcht und fand sie nicht. Wo war er? Was war der Tod? Er empfand nicht die geringste Furcht, denn es gab gar keinen Tod.

Statt des Todes war Licht da.

»Das also ist es!«, sagte er plötzlich laut. »Welch eine Freude!«

Für ihn vollzog sich das alles in einem Augenblick, und die Bedeutung dieses Augenblicks änderte sich nicht mehr. Für die Anwesenden aber dauerte sein Todeskampf noch zwei Stunden. In seiner Brust gurgelte und röchelte es, sein abgezehrter Körper zuckte. Dann wurde das Gurgeln und Röcheln immer seltener.

»Es ist zu Ende!«, sagte jemand über ihm.

Er hörte diese Worte und wiederholte sie in seiner Seele. »Mit dem Tod ist es zu Ende«, sagte er zu sich, »er ist nicht mehr.«

Er sog die Luft ein, stockte mitten im Atemzug, reckte sich aus und starb.

Krieg und Frieden

Mehrere Zehntausende von Menschen lagen tot in verschiedenen Stellungen und Uniformen auf den Feldern und Wiesen, die den Herren Dawydow und den Kronsbauern gehörten, auf jenen Feldern und Wiesen, auf denen jahrhundertelang die Bauern der Dörfer Borodino, Gorki, Schewardino und Semionowskoje Getreide geerntet und Vieh geweidet hatten. Auf den Verbandplätzen war in einer Ausdehnung von einer Desiatine Gras und Erde mit Blut getränkt. Haufen von verwundeten und nichtverwundeten Soldaten aller Truppenteile strömten mit verstörten Gesichtern auf einer Seite zurück nach Moshajsk, auf der anderen zurück nach Walujewo. Andere Scharen zogen, müde und hungrig, unter Führung ihrer Vorgesetzten vorwärts. Noch andere blieben auf ihren Plätzen und schossen weiter.

Über dem ganzen Felde, das vorher mit den blitzenden Bajonetten und den Rauchwölkchen in der Morgensonne so heiter und schön ausgesehen hatte, lagerte jetzt feuchter Nebel und Rauchqualm, und es roch eigentümlich säuerlich nach Salpeter und Blut. Regenwolken hatten sich zusammengezogen, und einzelne Tropfen fielen auf die Toten und Verwundeten herab, auf die angsterfüllten, matten, unschlüssigen Menschen. Es war, als wollte der Regen sagen: »Genug, genug, ihr Menschen! Hört auf! Besinnt euch! Was tut ihr?«

Auf beiden Seiten kam den ausgehungerten und todmatten Menschen in gleicher Weise der Zweifel, ob sie noch länger einander umbringen sollten; auf allen Gesichtern konnte man das Schwanken lesen, und in der Seele eines jeden erhob sich gleichmäßig die Frage: »Wozu, für wen soll ich morden und mich morden lassen? Mordet, wen ihr wollt; tut, was ihr wollt; aber ich will nicht mehr mitmachen!« Gegen Abend reifte dieser Gedanke in der Seele eines jeden. Jeden Augenblick konnte alle diese Menschen Entsetzen packen über das, was sie taten, sie konnten alles fortwerfen und irgendwohin davonlaufen.

Aber obwohl gegen Ende der Schlacht die Menschen schon das Entsetzliche ihres Tuns fühlten und gern aufgehört hätten, so leitete doch eine unfassbare, geheimnisvolle Macht sie immer noch, und die schweißtriefenden, auf ein Drittel zusammengeschmolzenen Artilleristen schleppten mitten in Blut und Pulverqualm, vor Müdigkeit stolpernd und keuchend, immer noch Geschosse herbei, luden, richteten, legten die Lunten an; und die Kanonenkugeln flogen noch ebenso schnell und furchtbar von einer Seite zur anderen hinüber und zermalmten Menschenleiber, und das schreckliche Werk ging weiter fort.

FRIEDRICH NIETZSCHE

Komödie der Eitelkeit

Die ganze Art, wie ein Mensch während seines vollen Lebens, seiner blühenden Kraft an den Tod denkt, ist freilich sehr sprechend und zeugnisgebend für das, was man seinen Charakter nennt; aber die Stunde des Sterbens selber, seine Haltung auf dem Totenbette ist fast gleichgültig dafür. Die Erschöpfung des ablaufenden Daseins, namentlich wenn alte Leute sterben, die unregelmäßige oder unzureichende Ernährung des Gehirns während dieser letzten Zeit, das gelegentlich sehr Gewaltsame des Schmerzes, das Unerprobte und Neue des ganzen Zustandes und gar zu häufig der An- und Rückfall von abergläubischen Eindrücken und Beängstigungen, als ob am Sterben viel gelegen sei und hier Brücken schauerlichster Art überschritten würden, – dies alles *erlaubt* es nicht, das Sterben als Zeugnis über den Lebenden zu benutzen. Auch ist es nicht wahr, dass der Sterbende im allgemeinen *ehrlicher* wäre als der Lebende: vielmehr wird fast jeder durch die feierliche Haltung der Umgebenden, die zurückgehaltnen oder fließenden Tränen- und Gefühlsbäche zu einer bald bewussten, bald unbewussten Komödie der Eitelkeit verführt.

Und dann kommt der Tod herbei

Mancher gibt sich viele Müh
Mit dem lieben Federvieh;
Einesteils der Eier wegen,
Welche diese Vögel legen,
Zweitens: weil man dann und wann
Einen Braten essen kann;
Drittens aber nimmt man auch
Ihre Federn zum Gebrauch
In die Kissen und die Pfühle,
Denn man liegt nicht gerne kühle. –

Seht, da ist die Witwe Bolte,
Die das auch nicht gerne wollte.
Ihrer Hühner waren drei
Und ein stolzer Hahn dabei. –

Max und Moritz dachten nun:
Was ist hier jetzt wohl zu tun? –
– Ganz geschwinde, eins, zwei, drei,
Schneiden sie sich Brot entzwei,
In vier Teile, jedes Stück
Wie ein kleiner Finger dick.

Diese binden sie an Fäden,
Übers Kreuz, ein Stück an jeden,
Und verlegen sie genau
In den Hof der guten Frau. –

Kaum hat dies der Hahn gesehen,
Fängt er auch schon an zu krähen:
Kikeriki! Kikikerikih!! –
Tak tak tak! – da kommen sie.

Hahn und Hühner schlucken munter
Jedes ein Stück Brot hinunter;
Aber als sie sich besinnen,
Konnte keines recht von hinnen.
In die Kreuz und in die Quer
Reißen sie sich hin und her,
Flattern auf und in die Höh,
Ach herrje, herrjemine!
Ach, sie bleiben an dem langen
Dürren Ast des Baumes hangen. –

– Und ihr Hals wird lang und länger,
Ihr Gesang wird bang und bänger;
Jedes legt noch schnell ein Ei,
Und dann kommt der Tod herbei. –

...

Der letzte Streich

Max und Moritz, wehe euch!
Jetzt kommt euer letzter Streich! –
Wozu müssen auch die beiden
Löcher in die Säcke schneiden?? –
– Seht, da trägt der Bauer Mecke
Einen seiner Maltersäcke. –

Aber kaum dass er von hinnen,
Fängt das Korn schon an zu rinnen.
Und verwundert steht und spricht er:
»Zapperment! Dat Ding werd lichter!«

Hei! Da sieht er voller Freude
Max und Moritz im Getreide.
Rabs!! – in seinen großen Sack
Schaufelt er das Lumpenpack.
Max und Moritz wird es schwüle,
Denn nun geht es nach der Mühle. –

»Meister Müller, he, heran!
Mahl er das, so schnell er kann!«
»Her damit!!« – Und in den Trichter
Schüttelt er die Bösewichter. –

Rickeracke! Rickeracke!
Geht die Mühle mit Geknacke.
Hier kann man sie noch erblicken
Fein geschroten und in Stücken.
Doch sogleich verzehret sie
Meister Müllers Federvieh.

HEINRICH HOFFMANN

Die gar traurige Geschichte
mit dem Feuerzeug

Paulinchen war allein zu Haus,
Die Eltern waren beide aus.
Als sie nun durch das Zimmer sprang
Mit leichtem Mut und Sing und Sang,
Da sah sie plötzlich vor sich stehn
Ein Feuerzeug, nett anzusehn.
»Ei«, sprach sie, »ei, wie schön und fein!
Das muss ein trefflich Spielzeug sein.
Ich zünde mir ein Hölzlein an,
wie's oft die Mutter hat getan.«

Und Minz und Maunz, die Katzen,
Erheben ihre Tatzen,
Sie drohen mit den Pfoten:
»Der Vater hat's verboten!«
Miau! Mio! Miau! Mio!
Lass stehn! Sonst brennst du lichterloh!«

Paulinchen hört die Katzen nicht!
Das Hölzchen brennt gar lustig hell und licht,
Das flackert lustig, knistert laut,
Grad wie ihr's auf dem Bilde schaut.
Paulinchen aber freut sich sehr
Und sprang im Zimmer hin und her.

Doch Minz und Maunz, die Katzen,
Erheben ihre Tatzen.
Sie drohen mit den Pfoten:
»Die Mutter hat's verboten!
Miau! Mio! Miau! Mio!
Wirf's weg! Sonst brennst du lichterloh!«

Doch weh! Die Flamme fasst das Kleid,
Die Schürze brennt; es leuchtet weit.
Es brennt die Hand, es brennt das Haar,
Es brennt das ganze Kind sogar.

Und Minz und Maunz, die schreien
Gar jämmerlich zu zweien:
»Herbei! Herbei! Wer hilft geschwind?
Im Feuer steht das ganze Kind!
Miau! Mio! Miau! Mio!
Zu Hilf'! Das Kind brennt lichterloh!«

Verbrannt ist alles ganz und gar,
Das arme Kind mit Haut und Haar;
Ein Häuflein Asche bleibt allein
Und beide Schuh', so hübsch und fein.

Und Minz und Maunz, die kleinen,
die sitzen da und weinen:
»Miau! Mio! Miau! Mio!
Wo sind die armen Eltern? Wo?«
Und ihre Tränen fließen
Wie's Bächlein auf den Wiesen.

Gegen Verführung

1

Lasst euch nicht verführen!
Es gibt keine Wiederkehr.
Der Tag steht in den Türen;
Ihr könnt schon Nachtwind spüren:
Es kommt kein Morgen mehr.

2

Lasst euch nicht betrügen!
Das Leben wenig ist.
Schlürft es in schnellen Zügen!
Es wird euch nicht genügen
Wenn ihr es lassen müsst!

3

Lasst euch nicht vertrösten!
Ihr habt nicht zu viel Zeit!
Lasst Moder den Erlösten!
Das Leben ist am größten:
Es steht nicht mehr bereit.

4
Lasst euch nicht verführen
Zu Fron und Ausgezehr!
Was kann euch Angst noch rühren?
Ihr sterbt mit allen Tieren
Und es kommt nichts nachher.

JOACHIM RINGELNATZ

So ist es uns ergangen

So ist es uns ergangen.
Vergiss es nicht in bessrer Zeit! –
Aber Vöglein singen und sangen,
Und dein Herz sei endlos weit.

Vergiss es nicht! Nur damit du lernst
Zu dem seltsamen Rätsel ›Geschick‹. –
Warum wird, je weiter du dich entfernst,
Desto größer der Blick?

Der Tod geht stolz spazieren.
Doch Sterben ist nur Zeitverlust. –
Dir hängt ein Herz in deiner Brust,
Das darfst du nie verlieren.

OSCAR WILDE

Die Ballade vom Zuchthaus zu Reading

In Memoriam C. T. W.
Weiland Kavallerist der kgl. Reitergarde,
hingerichtet in Ihrer Majestät Gefängnis,
Reading, Berkshire, den 7. Juli 1896

Er trug nicht mehr den roten Rock,
    Denn Blut und Wein sind rot
Und blut- und weinrot seine Hand,
    Da man ihn bei der Toten fand:
Dem armen Weib, das er geliebt
    Und gemordet in ihrem Bett.

Er schritt im Inquisitenhof
    In grauem Zwilch umher,
Eine Kricketmütze auf dem Kopf,
    Und sein Tritt erschien nicht schwer;
Nur sah ich keinen, der in den Tag
    So sehnlich sah wie er.

So sehnlich sah zu dem Fleckchen Blau,
    Dem kleinen blauen Feld,
Das der Gefangene Himmel nennt,
    Den Himmel seiner Welt,
Und zu jeder Wolke, die oben zieht
    Und Silbersegel schwellt.

Ich schritt mit andern in anderm Kreis
    Und dachte so für mich nach,
Ob es Schweres, ob es Leichtes war,
    Was dieser Mensch verbrach,
Als in dem Kreis eine Stimme leis
    »Ja, der wird hängen!« sprach.

O Jesus Christ, da schwankten mir
    Die Mauern allzumal,
Und der Himmel mir zu Häupten ward
    Wie ein Helm aus glühem Stahl,
Und ich fühlte, was ich sonst auch litt,
    Nicht mehr die eigne Qual.

Ich fühlte einzig, was im Hof
    So gejagt ihn trieb umher
Und warum er in den hellen Tag
    So sehnlich sah und schwer;
Er hatte gemordet, was er geliebt,
    Und also starb auch er.

Doch jeder mordet, was er liebt,
    Sei jeder des belehrt,
Mit schmeichelndem Wort, mit bittrem Blick,
    Nach jedes Art und Wert;
Der Feige mordet mit einem Kuss,
    Der Tapfre mit einem Schwert.

Der mordet als Jüngling, was er liebt,
    Und jener als ein Greis,
Der eine mit kalter Goldeshand,
    Der andere von Wollust heiß;
Der Gnädigste aber nimmt den Dolch,
    Weil er nichts so sicher weiß.

Zu kurz liebt dieser, der zu lang,
    Man kauft und schenkt und wirbt;
Der tut die Tat mit Tränen viel,
    Der stumm, wie er verdirbt:
Denn jeder mordet, was er liebt,
    Nur dass nicht jeder stirbt …

Der Tod des Beamten

An einem schönen Abend saß der nicht minder schöne Exekutor Ivan Dmitrič Červjakov in der zweiten Reihe Parkett und sah durch das Opernglas die *Glocken von Corneville*. Er sah und fand sich auf dem Gipfel der Glückseligkeit. Doch plötzlich … In Erzählungen begegnet man oft diesem ›doch plötzlich‹. Die Autoren haben recht: Das Leben steckt so voller Unvorhersehbarkeiten. Doch plötzlich runzelte sich sein Gesicht, die Augen rollten, der Atem stockte … er nahm das Opernglas von den Augen, bückte sich und: hatschi!!! Er nieste, wie Sie sehen. Zu niesen ist niemandem auch nur irgendwo verwehrt. Es niesen Bauern ebenso wie Polizeimeister, manchmal sogar Geheimräte. Jeder niest. Červjakov war nicht im mindesten verlegen, wischte sich die Nase mit dem Taschentuch ab und sah sich als höflicher Mensch um: Hatte er mit seinem Niesen nicht irgendjemanden behelligt? Doch da sollte er verlegen werden. Er sah, dass der alte Herr, der vor ihm in der ersten Reihe Parkett saß, sich mit dem Handschuh sorgsam Glatze und Hals abwischte und etwas murmelte. In dem alten Herrn erkannte Červjakov den Zivilgeneral Brizžalov, der in der Verkehrsbehörde Dienst tat.

›Ich habe ihn bespritzt‹, dachte Červjakov. ›Er ist zwar nicht mein Chef, sondern ein fremder, aber peinlich ist es dennoch. Ich muss mich entschuldigen.‹

Červjakov räusperte sich, beugte den Rumpf nach vorn und flüsterte dem General ins Ohr:

»Entschuldigen Sie, Eur-xzellenz, ich habe Sie bespritzt … aus Versehen …«

»Schon gut, schon gut …«

»Entschuldigen Sie, um Gottes willen … Ich habe es … doch nicht gewollt!«

»Bleiben Sie bitte sitzen! Lassen Sie mich zuhören!«

Červjakov wurde verlegen, lächelte blöde und sah wieder auf die Bühne. Er sah, Glückseligkeit empfand er aber keine mehr. Unruhe begann ihn zu peinigen. In der Pause trat er auf Brizžalov zu, ging ein Stück neben ihm her und murmelte, die Schüchternheit niederringend:

»Ich habe Sie bespritzt, Eur-xzellenz … verzeihen Sie … Ich wollte es doch … nicht, dass ich …«

»Ach, genug davon … Ich habe es längst vergessen, und Sie reden immer noch davon!«, sagte der General, ungeduldig mit der Unterlippe zuckend.

Nach Hause gekommen, erzählte Červjakov seiner Frau von seinem Missgeschick. Seine Frau, so schien ihm, nahm den Vorfall zu leicht; zuerst erschrak sie, doch dann, als sie erfuhr, dass Briz Brizžalov ein ›Fremder‹ sei, beruhigte sie sich.

»Geh trotzdem zu ihm, entschuldige dich«, sagte sie. »Sonst denkt er, du wüsstest dich in der Öffentlichkeit nicht zu benehmen!«

»Das ist es ja! Ich habe mich entschuldigt, aber er war irgendwie merkwürdig. Außerdem war auch keine Zeit für ein Gespräch.«

Am andern Tag zog Červjakov die neue Uniform an, ließ sich die Haare schneiden und ging zu Brizžalov, um es ihm zu erklären ... Als er ins Empfangszimmer des Generals trat, sah er dort viele Bittsteller und unter den Bittstellern auch den General persönlich. Nach Befragen einiger Bittsteller hob der General die Augen auch auf Červjakov.

»Gestern im ›Arkadia‹, wenn Sie sich zu erinnern belieben, Eur-xzellenz«, begann der Exekutor vorzutragen, »musste ich niesen und habe Sie ... bespritzt, aus Versehen ... Entsch...«

»Was für ein Kinderkram ... Weiß Gott! Sie wünschen?«, wandte sich der General an den nächsten Bittsteller.

›Er will nicht mit mir sprechen‹, dachte Červjakov erbleichend. ›Also ist er böse ... Nein, das darf man nicht auf sich beruhen lassen ... Ich werde es ihm erklären ...‹

Als der General die Unterhaltung mit dem letzten Bittsteller beendet hatte und auf dem Weg in die Innenräume war, schritt Červjakov ihm nach und murmelte:

»Eur-xzellenz! Wenn ich mich erdreiste, Eur-xzellenz zu behelligen, so namentlich, wie ich sagen darf, aus dem Gefühl der Reue! ... Es war keine Absicht, Sie belieben es zu wissen!«

Der General zog ein weinerliches Gesicht und winkte ab.

»Sie wollen mich einfach verspotten, mein Herr«, sagte er und verschwand in der Tür.

›Was hat das mit Spott zu tun?‹ dachte Červjakov. ›Es handelt sich mitnichten um Spott! Ein General, und kann das nicht begreifen! Wenn das so ist, werde ich mich nicht länger entschuldigen bei diesem Fatzke. Zum Teufel mit ihm! Ich werde ihm einen Brief schreiben, aber zu ihm gehen werde ich nicht mehr! Bei Gott, das werde ich nicht!‹

So dachte Červjakov auf dem Nachhauseweg. Den Brief an den General schrieb er nicht. Er dachte, dachte nach, konnte sich diesen Brief aber einfach nicht ausdenken. So musste er am andern Tag wieder gehen, um es persönlich zu erklären.

»Ich war gestern hier, um Eur-xzellenz zu behelligen«, murmelte er, als der General die fragenden Augen auf ihn hob, »nicht, um Sie zu verspotten, wie Sie zu sagen beliebten. Ich wollte mich dafür entschuldigen, dass ich Sie, als ich niesen musste, bespritzt habe … Sie zu verspotten, daran hätte ich nicht im mindesten gedacht. Wie könnte ich es wagen zu spotten? Wenn wir spotten wollten, dann gäbe es ja, also … keinerlei Respekt mehr … vor Personen …«

»Rraus!!«, kreischte plötzlich der General, blau angelaufen, und fing an zu zittern.

»Wie belieben?«, fragte Červjakov flüsternd, betäubt vor Entsetzen.

»Rraus!«, wiederholte der General, mit den Füßen aufstampfend.

In Červjakovs Bauch riss etwas. Nichts mehr sehend, nichts mehr hörend, wich er zur Tür, trat auf die Straße und schleppte sich davon … Automatisch nach Hause gekommen, ohne die Uniform auszuziehen, legte er sich auf den Divan und … starb.

THOMAS MANN

Tod in Venedig

Wer hätte nicht einen flüchtigen Schauder, eine geheime Scheu und Beklommenheit zu bekämpfen gehabt, wenn es zum ersten Male oder nach langer Entwöhnung galt, eine venezianische Gondel zu besteigen? Das seltsame Fahrzeug, aus balladesken Zeiten ganz unverändert überkommen und so eigentümlich schwarz, wie sonst unter allen Dingen nur Särge es sind, – es erinnert an lautlose und verbrecherische Abenteuer in plätschernder Nacht, es erinnert noch mehr an den Tod selbst, an Bahre und düsteres Begängnis und letzte, schweigsame Fahrt.

RAINER MARIA RILKE

Schlussstück

Der Tod ist groß.
Wir sind die Seinen
lachenden Munds.
Wenn wir uns mitten im Leben meinen,
wagt er zu weinen
mitten in uns.

Im Nebel

Seltsam, im Nebel zu wandern!
Einsam ist jeder Busch und Stein,
Kein Baum sieht den andern,
Jeder ist allein.

Voll von Freunden war mir die Welt,
Als noch mein Leben licht war;
Nun, da der Nebel fällt,
Ist keiner mehr sichtbar.

Wahrlich, keiner ist weise,
Der nicht das Dunkel kennt,
Das unentrinnbar und leise
Von allem ihn trennt.

Seltsam, im Nebel zu wandern!
Leben ist Einsamsein.
Kein Mensch kennt den andern,
Jeder ist allein.

GEORGES SIMENON

Brief an meine Mutter

Meine liebe Mama,
es ist ungefähr dreieinhalb Jahre her, dass du im Alter von einundneunzig Jahren gestorben bist, und vielleicht beginne ich dich jetzt erst kennenzulernen. Ich habe meine Kindheit und meine Jugendzeit mit dir im selben Haus verlebt, aber als ich dich mit neunzehn Jahren verließ, um nach Paris zu gehen, warst du für mich noch immer eine Fremde.

Übrigens habe ich dich nie Mama genannt, sondern Mutter, wie ich auch meinen Vater nicht Papa nannte. Warum? Wie kam das? Ich weiß es nicht.

Seither habe ich Lüttich ein paar kurze Besuche abgestattet. Der längste war der letzte, als ich im Hôpital de Bavière, wo ich früher bei der Messe ministriert hatte, eine Woche lang Tag um Tag deinem Todeskampf zusah.

Das Wort trifft jedoch kaum zu auf jene Tage, die deinem Tod vorausgingen. Du lagst, von Verwandten oder mir unbekannten Leuten umringt, auf deinem Bett. An manchen Tagen konnte ich kaum bis zu dir gelangen. Ich habe dich stundenlang beobachtet. Du hast nicht gelitten und keine Angst empfunden. Du hast auch nicht von früh bis abends den Rosenkranz gebetet, obwohl eine Nonne in schwarzer Tracht Tag für Tag regungslos auf demselben Stuhl in derselben Ecke saß.

Manchmal, oft sogar, hast du gelächelt. Doch das Wort »Lächeln« hat, auf dich angewendet, nicht ganz seinen üblichen Sinn. Du blicktest uns, die wir dich überleben und dir bis zum Friedhof folgen würden, ruhig an, und manchmal verzogen sich deine Lippen zu einem ironischen Ausdruck.

Man hätte meinen können, du wärst schon in einer anderen Welt oder vielmehr in deiner eigenen Welt, in deiner inneren Welt, die dir vertraut war.

Denn dieses Lächeln, in dem auch Melancholie und Resignation lagen, habe ich seit meiner Kindheit gekannt. Du hast das Leben über dich ergehen lassen. Du hast es nicht gelebt.

Man hätte meinen können, du harrtest nur auf den Augenblick, bis du endlich, vor dem großen Ausruhen, auf deinem Spitalbett liegen dürftest.

Dein Arzt war mein Jugendfreund. Er versicherte mir, dass du nach der Operation, die er vorgenommen hatte, sanft einschlafen würdest.

Das hat ungefähr acht Tage gedauert, die längste Zeit, die ich in Lüttich verbracht habe, seit ich es mit neunzehn Jahren verließ, und wenn ich aus dem Krankenhaus kam, konnte ich es mir nicht verkneifen, mich alten Jugendfreuden hinzugeben, zum Beispiel Muscheln mit Pommes frites oder frischen Aal zu essen.

Muss ich mich schämen, dass ich gastronomische

Eindrücke mit dem Bild deines Spitalzimmers verquicke?

Ich glaube nicht. Es passt zusammen. Das Ganze passt zusammen – dieses Ganze, das ich zu entwirren versuche und das du vielleicht früher verstanden hattest als ich, als du mich mit einer Mischung aus Gleichgültigkeit und Zärtlichkeit anblicktest.

Solange du lebtest, haben wir einander nie geliebt, das weißt du ja. Wir haben beide nur so getan.

Heute glaube ich, dass jeder sich ein ungenaues Bild vom anderen machte.

Bringt es eine Klarheit, die man vorher nicht hatte, wenn man weiß, dass man diese Erde bald verlassen wird? Ich weiß es noch nicht. Immerhin bin ich ziemlich sicher, dass du die Leute, die dich besuchen kamen, die Neffen und Nichten, die Nachbarinnen, sehr genau erfasst hast.

Und als ich kam, hast du mich ebenfalls erfasst.

Aber was ich in deinen Augen und in deinem ruhigen Gesicht suchte, war nicht das Bild, das du dir von mir machtest; es war dein wirkliches Bild, das ich zu erkennen begann …

LEON DE WINTER

Der Tod existiert nicht

Mein Vater starb, als ich elf Jahre alt war. Kurz darauf begann ich zu schreiben. Ich ersann beängstigende Geschichten, die das Unbegreifliche durchbrechen mussten. Und die Bücher, die ich später schrieb, so wird mir heute klar, drehen sich oftmals um den Prozess des Trauerns. Offensichtlich bin ich noch immer damit beschäftigt, den Tod meines Vaters zu ergründen, zu erleben.

Als mein Vater starb, konnte ich nicht weinen. Dafür war keine Zeit und kein Platz, denn meine Mutter schrie und weinte wie ein ganzer Stamm Berberfrauen zusammen. Ich brauchte meine ganze Kraft, um sie zu beruhigen und dafür zu sorgen, dass nicht auch noch meine Mutter starb – nicht an einem Herzanfall wie mein Vater, sondern an einem gebrochenen Herzen. Ich hielt tagelang ihre Hand fest, da ich Angst hatte, dass auch sie noch weggehen würde.

Neunundzwanzig Jahre später habe ich an ihrem Sterbebett gesessen, auch wieder mit ihrer Hand in der meinen. Sie wurde vierundachtzig Jahre alt, die Haut ihrer Hände war die einer alten Frau geworden, voller Leberflecken, dünn und gezeichnet.

Aber es waren noch immer die Hände meiner Mutter, die ich unter Millionen anderer wiedererkennen würde. Erstaunlich ist es, dass, wenn ich die Hände meiner vierjährigen Tochter in meinen Händen halte, ich die Hände meiner Mutter sehe. Die Hände meiner Tochter haben die gleiche Form, die gleiche Haut und verursachen genau die gleichen Wahrnehmungen, wenn ich sie gegen meine Lippen drücke wie damals die Hände meiner Mutter. Der Tod existiert nicht.

GEORGE ORWELL

Einen Mann hängen

Es war in Burma an einem trüben Tag in der Regenzeit. Ein mattes Licht, gelb wie Stanniol, fiel schräg über die hohen Mauern in den Gefängnishof. Wir warteten vor den Todeszellen, einer Reihe von Verschlägen, an der Vorderseite mit doppelten Eisengittern abgeschlossen wie kleine Tierkäfige. Sie maßen etwa zehn Fuß im Geviert und enthielten nichts außer einer Pritsche und einem Krug mit Trinkwasser. In einigen hockten braunhäutige stumme Gestalten am Gitter, das weiße Betttuch um ihren Körper geschlungen. Es waren die zum Tode Verurteilten, die in ein oder zwei Wochen gehängt werden sollten.

Einen von ihnen hatte man aus seiner Zelle herausgeführt. Es war ein Hindu, ein kleiner, schmächtiger Mann mit rasiertem Schädel und wässrig verschwimmenden Augen. Er hatte einen mächtigen, buschigen Schnurrbart, der in grotesker Weise viel zu groß für seine Figur war und eher zu einem Filmkomiker gepasst hätte. Sechs hochgewachsene indische Wärter bewachten ihn und bereiteten ihn für den Galgen vor. Zwei standen mit Gewehren und aufgepflanztem Bajonett in Bereitschaft, während die andern ihm Handschellen anlegten. Durch die Handschellen zogen sie

176

eine Kette, die sie an ihre Gürtel anschlossen, dann schnürten sie ihm die Arme eng an den Leib. Sie standen dicht um ihn herum und machten sich die ganze Zeit vorsichtig und besorgt an seinem Körper zu schaffen, als wollten sie sich vergewissern, dass er noch da sei – wie man einen lebenden Fisch festhält, der einem jeden Augenblick entschlüpfen und ins Wasser zurückgleiten könnte. Dabei verhielt sich der Gefangene vollkommen ruhig, ohne den geringsten Widerspruch, und überließ seine Arme den Stricken, als bemerke er kaum, was vor sich ging.

Es schlug acht Uhr. Ein Trompetensignal, dünn und trostlos verloren in der regenschweren Luft, tönte von den fernen Baracken herüber. Bei diesem Signal hob der Gefängnisdirektor, der abseits von uns andern stand und nachdenklich mit seinem Stock auf dem Boden herumstocherte, den Kopf. Er war Militärarzt, ein Mann mit einem grauen Zahnbürsten-Schnurrbart und einer rauhen Stimme.

»Um Gottes willen, beeil dich, Francis«, sagte er gereizt. »Der Mann sollte in diesem Augenblick schon tot sein. Bist du noch nicht bereit?«

Francis, der Oberaufseher, ein dicker Drawidiah, der in einer weißen Drillichuniform steckte und eine goldene Brille trug, winkte mit seiner schwarzen Hand.

»Aber ja, Sir, aber ja, Sir!«, blubberte er. »Iss alles schon gut vorbereitet. Der Henker iss schon da. Kann losgehen.«

»Schön. Dann aber Eilschritt! Das Frühstück kann erst ausgegeben werden, wenn das hier erledigt ist.«

Wir setzten uns in Marsch in Richtung Galgen. Rechts und links neben dem Gefangenen gingen die zwei bewaffneten Wärter, das Gewehr umgehängt; zwei andere hielten ihn an Armen und Schultern gepackt, wie um ihn vorwärts zu stoßen und zugleich zu stützen. Der Rest von uns, Gerichtsbeamte und dergleichen, bildeten den Schluss ...

Bis zum Galgen waren es noch etwa vierzig Yards. Ich hatte den nackten, braunen Rücken des Gefangenen direkt vor mir. Er ging schwerfällig mit seinen gefesselten Armen, aber dennoch stetig und mit dem federnden Schritt der Inder, die niemals die Knie durchdrücken. Bei jedem Schritt strafften und entspannten sich die Muskeln, die Haarlocke auf seinem Schädel wippte auf und nieder, seine Füße drückten sich in dem feuchten Boden ein. Einmal trat er, obwohl die beiden Wärter ihn fest gepackt hielten, geschmeidig beiseite, um nicht in eine Pfütze zu treten.

Seltsam, aber bis zu diesem Augenblick war mir nicht bewusst geworden, was es bedeutet, einen gesunden, denkenden Menschen zu töten. Als ich den Gefangenen beiseitetreten sah, um der Pfütze auszuweichen, erkannte ich das Geheimnis, sah, welch ungeheuerliches Unrecht es ist, einem Leben gewaltsam ein Ende zu setzen, das in voller Blüte ist. Dieser Mann lag nicht im Sterben, er lebte, wie wir, all seine Organe arbeiteten – die Därme verdauten Nahrung, die Haut erneuerte sich, die Nägel wuchsen, das Gewebe bildete sich –, alles arbeitete weiter in feierlicher

Torheit. Seine Nägel würden noch wachsen, wenn er schon auf dem Fallbrett stand, wenn er ins Leere fiel und nur noch eine Zehntelsekunde zu leben hatte. Seine Augen nahmen den gelben Kies und die grauen Mauern wahr, sein Hirn war noch imstande, sich zu erinnern, vorauszusehen, achtzugeben – selbst auf eine Pfütze. Er und wir waren Menschen, die gemeinsam einen Weg zurücklegten, welche die gleiche Welt erblickten, hörten, fühlten, begriffen, und in zwei Minuten, mit einem plötzlichen Knack, würde einer von uns nicht mehr da sein, ein menschliches Wesen weniger, eine Welt weniger …

Uhr ohne Zeiger

Der Tod bleibt sich immer gleich, doch jeder Mensch stirbt seinen eigenen Tod. Für J. T. Malone begann es so einfach und alltäglich, dass er eine Zeitlang das Ende seines Lebens für den Beginn einer neuen Jahreszeit hielt. Der Winter seines vierzigsten Lebensjahres war für das Südstaatenstädtchen ungewöhnlich kalt gewesen, mit eisigen, pastellfarbenen Tagen und funkelnden Nächten. Der Frühling kam in jenem Jahr 1953 voller Ungestüm mitten im März, und Malone fühlte sich in jenen Tagen mit dem vorzeitigen Blust und den ewigen Winden matt und angegriffen. Er war Apotheker, und da er sich selbst die Diagnose ›Frühlingsfieber‹ stellte, verschrieb er sich ein Stärkungsmittel, das Leber und Eisen enthielt. Obwohl er leicht ermüdete, ließ er von seinem üblichen Tagesablauf nicht ab: Er ging zu Fuß zur Arbeit – seine Apotheke gehörte zu den ersten frühmorgens offenen Geschäften an der Hauptstraße –, und er schloss den Laden um sechs Uhr. Sein Mittagessen nahm er in einem Restaurant in der Stadt ein, das Abendessen zu Hause bei seiner Familie. Doch sein Appetit war schlecht, und er nahm immer mehr ab. Als er seinen Winteranzug gegen einen leichten Frühlingsanzug vertauschte, schlotterte ihm die Hose in Falten um den ausgemergelten Körper. Die Schläfen waren eingefallen, so dass an den Adern der Pulsschlag sichtbar wurde, und wenn er kaute oder schluckte, mühte sich der Adamsapfel in dem mageren Hals ab. Doch Malone sah keinen Grund zur Beunruhigung: Sein Frühlingsfieber war eben diesmal außergewöhnlich heftig, und er fügte zu seinem Stärkungsmittel noch die altmodische Kur mit Schwefel und Melasse hinzu, denn wenn man es recht bedachte, waren die alten Hausmittel doch die besten. Der Gedanke musste ihn beruhigt haben, denn bald fühlte er sich ein wenig besser und begann mit seiner alljährlichen Arbeit im Gemüsegarten. Dann widerfuhr es ihm eines Tages, dass er bei der Herstellung eines Rezeptes schwankte und in Ohnmacht fiel. Danach suchte er den Arzt auf, und anschließend folgten ein paar Untersuchungen im City Hospital. Noch immer machte er sich keine großen Sorgen; er hatte Frühlingsfieber und die mit diesem Leiden zusammenhängende Schwäche, da war er eben an einem warmen Tag in Ohnmacht gefallen – ein gewöhnliches, sogar natürliches Vorkommnis ... Malone hatte sich seinen eigenen Tod nie anders als in einer zwielichtigen, nicht berechenbaren Zukunft vorgestellt – oder mit den Ausdrücken der Lebensversicherungen. Er war ein schlichter, alltäglicher Mensch, und sein Tod war einfach Naturgesetz.

Doktor Kenneth Hayden war ein guter Kunde und ein Freund, der seine Praxis im Stockwerk über der Apotheke hatte, und an dem Tage, als das Ergebnis der

Untersuchungen zu erwarten war, ging Malone um zwei Uhr zu ihm hinauf. Sobald er mit dem Arzt allein war, verspürte er eine unmittelbare Bedrohung. Der Arzt blickte ihn nicht offen an, so dass sein blasses, vertrautes Gesicht keine Augen zu haben schien. Als er Malone begrüßte, klang die Stimme seltsam förmlich. Er saß schweigend am Schreibtisch und spielte mit einem Papiermesser, starrte es aufmerksam an und ließ es von einer Hand in die andere gleiten. Das seltsame Schweigen empfand Malone als Warnung, und als er es nicht länger ertragen konnte, platzte er heraus:

»Der Befund ist da – mir fehlt doch wohl nichts?«

Der Arzt wich Malones besorgtem, blau starrendem Blick aus; dann schweiften seine Augen zum offenen Fenster und blieben dort haften. »Wir haben alles sorgfältig überprüft: Die Blutzusammensetzung scheint ungewöhnlich zu sein«, sagte der Doktor endlich mit einer weichen und schleppenden Stimme.

Eine Fliege summte durch das sterile, trübselige Zimmer; in der Luft hing noch ein Hauch Äther. Malone war jetzt überzeugt, dass ihm etwas Ernstliches fehle, und da er sowohl das Schweigen wie auch die unnatürliche Stimme des Arztes nicht länger ertragen konnte, begann er nicht ganz wahrheitsgetreu draufloszuplappern: »Ich hab mir's die ganze Zeit gedacht, dass Sie eine leichte Anämie finden würden. Ich war nämlich mal Medizinstudent, und ich hab mich schon gefragt, ob ich nicht zu wenig rote Blutkörperchen hätte.«

Doktor Hayden blickte auf das Papiermesser, mit

dem er auf dem Schreibtisch spielte. Sein rechtes Augenlid zuckte. »In dem Falle können wir medizinisch darüber reden.« Seine Stimme wurde leiser, und er eilte über die nächsten Worte hinweg. »Die Zahl der roten Blutkörperchen beträgt nur 2,15 Millionen, wir haben also eine interkurrente Anämie. Doch das ist nicht der wesentliche Faktor. Die weißen Blutkörperchen haben sich abnorm vermehrt – ihre Zahl beträgt 208 000!« Der Doktor hielt inne und berührte sein zuckendes Augenlid. »Sie verstehen wahrscheinlich, was das bedeutet?«

Malone verstand es nicht. Der Schreck hatte ihn verwirrt, und das Zimmer kam ihm plötzlich kalt vor. Er verstand nur, dass ihm in diesem kalten und schwankenden Raum etwas Fremdes und Schreckliches widerfuhr.

PATRICIA HIGHSMITH

Bäume

In der Morgenfrühe, Stunden nach meinem Tod,
Wird um sieben die Sonne, wie an jedem Tag,
Über den Bäumen erscheinen, die ich so gut kenne.
Grün werden sie aufleuchten, und die dunkelgrünen
    Schatten
weichen der mitleidlos-sanften gefühllosen Sonne.
Gefühllos stehen die Bäume in meinem – meinem
    Garten,
Ruhig und tränenlos am Tag meines Todes.
Wie immer harren sie mit durstigen Wurzeln,
Stehen gelassen im windstillen Morgen,
Blind, schweigend, ungerührt –
Die Bäume, die ich kannte
Und aufwachsen sah und liebte.

PATRICK SÜSKIND

Die Geschichte von Herrn Sommer

Es war im Herbst, nach einem jener Fernsehabende bei Cornelius Michel. Die Sendung war langweilig gewesen, man ahnte das Ende voraus, und so verließ ich das Haus Michel schon um fünf Minuten vor acht, um einigermaßen pünktlich zum Abendessen heimzukommen.

Die Dunkelheit hatte sich längst übers Land gelegt, nur im Westen, über dem See, hing noch ein wenig graues Licht im Himmel. Ich fuhr ohne Beleuchtung, einerseits weil die Lampe ständig kaputt war – sei's die Birne, sei's die Fassung, sei's das Kabel –, andrerseits weil bei eingeschaltetem Dynamo der Freilauf des Rades doch erheblich gehemmt und die Fahrzeit nach Unternsee um mehr als eine Minute verlängert worden wäre. Auch brauchte ich keine Beleuchtung. Ich kannte die Strecke im Schlaf. Und selbst in schwärzester Nacht war der Asphalt der schmalen Straße immer noch ein bisschen schwärzer als die Gartenzäune auf der einen und die Büsche auf der anderen Seite, so dass man nur immer dorthin zu fahren brauchte, wo es am schwärzesten war, um sicheren Kurs zu halten.

So sauste ich durch die beginnende Nacht, geduckt über den Rennlenker, im dritten Gang, der Fahrtwind pfiff mir um die Ohren, es war kühl, feuchtlich, und ab und zu roch es nach Rauch.

Ziemlich genau auf der Hälfte der Strecke – die Straße verlief an dieser Stelle ein wenig vom See entfernt in leichtem Bogen durch eine ehemalige Kiesgrube, hinter der der Wald anstieg – sprang mir die Kette heraus. Es war dies leider ein häufiger Defekt der ansonsten noch tadellos funktionierenden Gangschaltung, herrührend von einer ausgeleierten Feder, die der Kette nicht genug Spannung verlieh. Nachmittage lang hatte ich an diesem Problem schon herumgebastelt, ohne es beheben zu können. Ich hielt also an, stieg ab und beugte mich über das Hinterrad, um die zwischen Zahnrad und Rahmen verklemmte Kette freizuzerren und sie unter sachter Bewegung der Pedale wieder über den Zahnkranz zurückzuführen. Diese Prozedur war mir so geläufig, dass ich sie auch bei Dunkelheit ohne Schwierigkeiten ausführen konnte. Das Missliche daran war nur, dass man sich dabei ekelhaft schmierige Finger holte. Und so ging ich, nachdem die Kette installiert war, auf die andere, zum See hin gelegene Straßenseite, um mir an den großen trockenen Blättern eines Ahornbusches die Hände abzuwischen. Als ich die Zweige niederbog, wurde der Blick auf den See frei. Er lag wie ein großer heller Spiegel da. Und am Rande des Spiegels stand Herr Sommer.

Im ersten Augenblick dachte ich, er habe keine Schuhe an. Aber dann sah ich, dass er bis über die Stiefel im Wasser stand, ein paar Meter vom Ufer entfernt, mit dem Rücken zu mir, nach Westen schauend, hinüber ans andere Ufer, wo sich hinter den Bergen noch ein letzter Streifen weißgelben Lichts hielt. Er stand da wie ein eingerammter Pfosten, eine dunkle Silhouette vor dem hellen Spiegel des Sees, den langen gewellten Stock in der Rechten, den Strohhut auf dem Kopf.

Und dann, unvermittelt, setzte er sich in Bewegung. Schritt für Schritt, bei jedem dritten Schritt den Stock nach vorne stechend und nach hinten abstoßend, ging Herr Sommer in den See. Ging, als ginge er über Land, in der für ihn typischen zielstrebigen Hast, mitten in den See hinein, schnurgerade nach Westen. Der See ist flach an dieser Stelle, die Tiefe nimmt nur ganz allmählich zu. Nachdem er zwanzig Meter gegangen, reichte Herrn Sommer das Wasser gerade erst über die Hüfte, und als es ihm bis zur Brust gestiegen, war er schon über einen Steinwurf vom Ufer entfernt. Und ging weiter, in nun zwar vom Wasser verlangsamter Eile, aber unaufhaltsam, ohne einen Augenblick zu zögern, verbissen, gierig fast, noch schneller gegen das hinderliche Wasser voranzukommen, schließlich seinen Stock von sich werfend und mit den Armen rudernd.

Ich stand am Ufer und starrte ihm nach, mit großen Augen und offenem Mund, ich glaube, ich muss so ausgesehen haben wie einer, dem man eine spannende Geschichte erzählt. Ich war nicht erschrocken, ich war viel eher verblüfft von dem, was ich sah, gefesselt, ohne freilich das Ungeheuerliche des Geschehens gleich zu begreifen. Zunächst hatte ich gedacht, er stehe nur da und suche etwas im Wasser, was er verloren habe; aber wer steht denn mit Stiefeln im Wasser, um etwas zu suchen? Dann, als er losmarschierte, dachte ich: Jetzt nimmt er ein Bad; aber wer nimmt denn ein Bad in voller Bekleidung, nachts, im Oktober? Und schließlich, als er immer tiefer und tiefer ins Wasser ging, kam mir der absurde Gedanke, er wolle den See zu Fuß durchqueren – nicht schwimmend, keine Sekunde lang dachte ich an Schwimmen, Herr Sommer und Schwimmen, das ging nicht zusammen, nein: zu Fuß durchqueren, auf dem Grund des Sees hinüberhasten, hundert Meter unter dem Wasser, fünf Kilometer weit bis ans andere Ufer.

Jetzt reichte ihm das Wasser schon bis an die Schultern, jetzt bis an den Hals ... und weiter drängte er vorwärts, weiter in den See hinein ... und da stieg er noch einmal empor, wuchs, wohl von einer Unebenheit des Grundes gehoben, noch einmal bis zu den Schultern aus dem Wasser heraus ... und ging weiter, kein Innehalten, auch jetzt nicht, ging weiter und sackte wieder tiefer, bis an den Hals, bis an die Gurgel, bis übers Kinn ... – und jetzt erst begann ich zu ahnen, was sich da tat, aber ich rührte mich nicht, ich rief nicht: »Herr Sommer! Halt! Zurück!«, ich rannte nicht auf und davon, um Hilfe zu holen, ich schaute nicht aus nach einem rettenden Boot, einem Floß, einer Luftmatratze, ja ich wandte nicht einmal einen Lidschlag lang meine Augen ab von dem kleinen Pünktchen des Kopfes, das dort draußen versank.

Und dann, mit einem Mal, war er weg. Nur noch

der Strohhut lag auf dem Wasser. Und nach einer fürchterlich langen Zeit, vielleicht einer halben, vielleicht einer ganzen Minute, blubberten noch ein paar große Blasen empor, dann nichts mehr. Nur noch dieser lächerliche Hut, der nun ganz langsam in Richtung Südwesten davontrieb. Ich schaute ihm nach, lange, bis er in der dämmrigen Ferne verschwunden war.

Begegnungen

Sein Verhalten war wie immer gewesen, es fiel meiner Frau und mir nichts auf, wir feierten unseren einunddreißigsten Hochzeitstag, und es wurde spät, ein Freund aus Deutschland war gekommen, er diskutierte über Politik, und ich hing meinen Gedanken nach, draußen in der milden Oktobernacht liefen die beiden Tiere umher oder lagen, der alte Schäferhund, nun schon schwerfällig geworden, und die junge, elfmonatige Hündin. Nur einmal kam der Hund herein und erbrach Wasser, nicht viel, meine Frau wischte den Steinboden auf, sagte »aber, aber, was machst du denn«, wir machten uns keine weiteren Gedanken, schlossen die Schiebetür zur Terrasse, ich beteiligte mich nun auch an der Diskussion, öffnete eine neue Flasche Wein. Später hörte ich ein- oder zweimal die Hündin kurz winseln, dann war es wieder ruhig, und als der Gast sich verabschiedet hatte und wir in der Morgendämmerung ins Wohnhaus hinübergingen und in die Schlafzimmer hinauf, bemerkte ich, dass im Treppenhaus nur die Hündin auf ihrem Lager war. Ich ging zur Küche hinunter und in den Garten, dann die Straße hinab, auch hier war er nicht zu finden, ich stieg zu meinem Atelier hinauf, in mein Arbeitszimmer, wieder ins Gartenhaus hinunter, wo wir die Nacht verplaudert hatten, nichts, durchsuchte den ganzen Garten, bis ich, wie zufällig, zwischen den Blättern eines Strauches neben der Terrasse etwas Helles sah. Der Hund hatte sich eine Grube gegraben und lag tot darin, er hatte sich selbst verscharrt. Ich meldete es meiner Frau, die schon im Bett lag. Sie erhob sich, trat in einem Hausmantel in den grauhellen Morgen hinaus, ich folgte ihr. Am Himmel waren noch einige helle Sterne zu sehen, über dem See lagerte ein weißes Nebelband. Meine Frau kniete zum Hund nieder. Sie deckte ihn mit einer dunkelgrünen Decke zu, wie aus Furcht, er könnte frieren. Er hatte sie immer besonders treu bewacht; wenn ich eine Nacht durchschrieb, hatte er sich vor ihrem Bett hingelagert, betrat ich gegen Morgen mein Schlafzimmer, sah ich ihn durch die Tapetentür sich erheben, worauf er zu mir herüberkam, um durch meine Schlafzimmertür zu seinem Lager zu trotten, war er doch ein selten mächtiger Schäferhund und nur in den letzten Jahren schwerfällig geworden. Ich telefonierte Hans Liechti, dem Wirt des ›Rocher‹, in einer Viertelstunde war er bei uns. Meine Frau erhob sich, nahm die Decke weg, inzwischen war der Nebel vom See den Berg hinaufgestiegen, der Morgen zurück ins Graue verschwommen und wieder zugedämmert. Liechti trug den schweren Kadaver die Treppen hinauf. Wir legten ihn in den Kofferraum und fuhren in einen Morgen hinein, der sich, je höher wir kamen, aufgoldete. Ich fuhr, neben mir Liechti, schweigend, massig, würdig. In Montmollin, einem kleinen Juradörfchen, brach die Sonne durch. Wir hatten Mühe, die Abdeckerei zu finden. Es dauerte eine Weile, bis uns jemand entgegenkam, den wir fragen konnten. Endlich ahnten wir vage den Weg. Wir gelangten auf eine Hochebene, dahinter erhob sich ein düsterer bewaldeter Bergrücken. Bei einem einsamen Bahnwärterhäuschen mussten wir wieder fragen, fuhren dann gegen den Wald, an dessen Rand wir die Abdeckerei fanden, halb Fabrikanlage, halb Schuppen, mit einer großen Rampe. Die Sonne schien grell, alles wirkte wie eine überbeleuchtete Bühne, der Wald wie eine Kulisse. Wir hupten, liefen um die Anlage. Endlich hinkte ein Mann herbei, verschlafen, mürrisch, ohne dass wir wussten, woher er eigentlich gekommen war. Wir bringen einen Hund, sagten wir. Er wies stumm auf die Rampe, hinkte wieder davon, verschwand irgendwo. Liechti öffnete den Kofferraum und hob den Hund auf die Rampe. Nun lag er da, ein großes schwarzes Tier, die Unterseite des Körpers und jene der Rute weiß, die Läufe ocker, die zwei Flecken auf der Stirn und beidseits der Schnauze von der gleichen Farbe. Der Hund lag da, wie er oft im Schlafe gelegen hatte, aber etwas fehlte und machte den Anblick schrecklich. Ein maßloses Staunen drang in mich herein, einen Augenblick lang, der ewig zu währen schien, einen Todesaugenblick lang eben – auch bei weit erhabeneren Augenblicken, beim Anblick meiner toten Eltern etwa, hatte ich dieses Gefühl nicht, dieses plötzliche Aufheben der Zeit –, auch weiß ich nicht, warum sich dieses Gefühl gerade in dieser trostlosen

Abdeckerei einstellte und seitdem nicht mehr, auch beim Anblick des toten Varlin nicht, drei Wochen später. Wir saßen bei seiner Frau in der Küche. Irgendwo im Haus winselte sein Hund. Ein Arzt führte mich ins Sterbezimmer. Er lag im Sarg. Der Arzt riss das Laken herunter. Ein wilder Kopf starrte mich an, der Mund weit geöffnet, die Augen in dunklen Höhlen versunken. Es war, als würde das Leben, erstarrt im Jetzt des Todes, die Schöpfung auslachen. Dann zwängte sich etwas durch meine Beine, verschwand im Dunkel des Raumes, es war sein Hund. Vielleicht habe ich darum eine Woche später im ›Rocher‹ bis tief in die Nacht hinein aus dem Gedächtnis eine Zeichnung um die andere von dieser unbändigen Leiche entworfen und die letzte mit Kaffee bemalt. Ich spürte, dass sich in meiner Erinnerung zwischen sie und mich der Hund auf der Rampe der Abdeckerei schob als Sinnbild des Todes selbst, und nun bewacht er meine tote Frau, war er doch ihr Hund. Ich war durch die Tapetentür in ihr Zimmer gegangen, weil ich dachte, sie schliefe – ich hatte sie eben noch ruhig atmen hören –, und ich wollte die Kerze löschen, die sie hatte brennen lassen. Ich fand meine Frau halb auf dem Bett sitzend, zur Seite gesunken, die Augen geschlossen und das Gesicht friedlich. Ich war nicht beunruhigt. Ich dachte an eine Ohnmacht, ich hatte sie oft so vorgefunden. Ihr Blutdruck war niedrig, und hin und wieder hatte sie Anfälle von Unterzucker, und nun hatte sie eine heftige Grippe gehabt, noch vorgestern über neununddreißig Grad Fieber, während ich mit dem Direktor und zwei Dramaturgen des Schauspielhauses über *Achterloo* verhandelte. Ich bettete ihre Beine hoch, den Kopf tief, massierte sie, rief meinen Arzt in Bern an, der mir Ratschläge gab, massierte sie wieder, schlug ihr auf die Wangen, ihr Leib war heiß, und auch, als ich einem Arzt in Neuchâtel telefonierte, und als er kam, war ich nicht sonderlich beunruhigt. »Regardez, docteur«, sagte ich zu ihm, »elle est comme morte.« »Elle n'est pas comme morte«, antwortete er nach einem kurzen Blick auf meine Frau, »elle est morte.« Dann untersuchte er sie gründlich. Ich lief im Schlafzimmer herum und glaubte es nicht. Der Arzt blieb ruhig, bedauerte, den Tod feststellen zu müssen. Wir gingen ins Nebenzimmer, der Arzt hatte noch einige Fragen, füllte ein Formular aus, blätterte in einem Heft, das er mitgebracht hatte, sagte, er suche nach der amtlichen Bezeichnung, nach dem Namen des Todes – auch Tode haben ihre Namen –, und als der Arzt gegangen war, rief ich noch einige Male meinen Arzt in Bern an, ob meine Frau nicht scheintot sei. Ich berührte sie immer wieder. Sie wurde kälter, doch nie so kalt, wie ich mir das vorgestellt hatte. Aber entsetzt war ich nicht. Was sich ereignet hatte, hatte sich zwischen zwei Menschen ereignet. Bei aller natürlichen Trauer war es mir, als hätte mich meine Frau ärgern wollen, als hätte sie mir einen Streich gespielt, der gegen ihre Absicht zu weit gegangen war. Dann wieder bewunderte ich sie, weil sie so schmerzlos sterben konnte, einen »Sekundentod«, wie mir der Arzt erklärt hatte. Nicht dass der Schrecken fehlte, besonders am anderen Tag, mitten

194

im Januar, eine strahlende Sonne gegen Mittag, als man meine Frau in den Sarg legte, als ihre Arme erstarrt in der Luft steckenblieben. Man musste sie in den Sarg zwängen. Zum Begreifen, dass meine Frau tot war, kam Groteskes: Die beiden Männer des Beerdigungsinstituts, ein großer Dicker und ein kleiner Magerer, waren wie einer Filmklamotte entsprungen, ich musste an ›Dick und Doof‹ denken. Sie bemühten sich, den Sarg das Treppenhaus hinunterzuschaffen, bald stand er auf dem Kopf, bald auf den Füßen, aber all das gehörte zur grausamen Welt zwischen den Menschen. Was auch geschah, war ohne Bitternis, ein Leben war zu Ende, und die Tote reihte sich dorthin ein, wohinein sich der, der zurückblieb, auch einmal reihen würde. Eine Ordnung vollzog sich. Doch nur scheinbar. Von außen. Von innen: Ich bewegte mich im Unwirklichen. Ich kam von der Vorstellung nicht los, meine Frau würde sich mit Lichtgeschwindigkeit von mir entfernen, jede Sekunde dreihunderttausend Kilometer, achtzehn Millionen Kilometer jede Minute, mehr als tausend Millionen jede Stunde, aber nicht nur von mir entfernte sie sich, auch ich entfernte mich von mir selber, wir sanken beide dahin in einem lichtschnellen Fall, stürzten gemeinsam in die Erinnerung hinab, und dann war es wieder ich, der sich entfernte, vom Zeitsturm weggeschleudert. Ich raste der Zukunft entgegen, statt dass sie auf mich zuraste. Was zurückblieb, war kristallisierte Erinnerung: eine Frau und ein Mann, die sich einmal geliebt hatten und die nun Vergangenheit waren. Doch bin ich schon längst ins Nichtdarstellbare abgedriftet, Gefühle lassen sich nicht beschreiben, der Tod ist nur von außen darstellbar und stellt sich nur von außen dar, sei es als ferne ausgefranste nelkenähnliche Wolke, im Sternbild des Stiers, der Überrest einer Sonne, sei es als weiße tonartige Scherben in einem Plastiksack, der Inhalt einer Urne, sei es als ein toter Hund auf der Rampe einer abgelegenen Abdeckerei.

SŁAWOMIR MROŻEK

Die Beerdigung

Während eines Spaziergangs schloss ich mich einem Trauerzug an. Das ist immer lustiger, als allein herumzuirren. Ich wusste nicht, wen sie begruben, aber was macht das? Wir Menschen sind alle eine große Familie. Außerdem konnte man ja fragen. Mein linker Nachbar im Trauerzug wusste es auch nicht.

»Ich gehe zur chemischen Reinigung, um Hosen abzuholen. Ich sah das Begräbnis, und da es auf dem Weg ist, habe ich mich angeschlossen.«

Ich fragte also den Nachbarn auf der rechten Seite: »Wessen Begräbnis ist das?«

»Woher soll ich das wissen, es sterben so viele Leute. Die Bank macht erst um neun auf, da habe ich noch ein bisschen Zeit.«

Der dritte, der zwei Schritte vor mir ging, konnte mir auch keine Auskunft geben.

»Ich bin nicht von hier, ich bin Tourist. Aber fragen Sie mal die Dame in dem schwarzen Tuch, die hinter dem Sarg geht. Sie sieht aus wie die Witwe und müsste es eigentlich wissen.«

In dem Moment begann es zu regnen und ich verließ den Trauerzug. Wieso soll ich für jemanden nass werden, den ich sowieso nicht persönlich kenne.

Verzeichnis der Quellen

ABRAHAM A SANCTA CLARA. *Totentanz*. Aus: *Deutsche Barocklyrik*. Auswahl von Max Wehrli. Manesse Verlag, Zürich 1977

ALTÄGYPTISCH. *Wer im Jenseits ist* (Titel von den Herausgebern). Aus: *Meisterwerke altägyptischer Dichtung*. Deutsch von Erik Hornung. Artemis Verlag, Zürich 1978. Copyright © Erik Hornung. Mit freundlicher Genehmigung des Übersetzers

FRANZISCUS VON ASSISI. *Der zweite Tod* (Titel von den Herausgebern). Aus: *Der Sonnengesang des heiligen Franz von Assisi*. Deutsch von Romano Guardini. Raab Verlag, 5. Aufl., Erlangen 1941

AURELIUS AUGUSTINUS. *Abschied von der Mutter* (Titel von den Hg.). Aus: *Bekenntnisse und Gottesstaat*. Ausgewählt von Joseph Bernhart. Stuttgart: Kröner 1965, Seite 154 f.

MARC AUREL. *Verachte nicht den Tod* (Titel von den Herausgebern). Aus: *Selbstbetrachtungen*. Deutsch von Wilhelm Capelle. Überarbeitet und neu eingeleitet von Jörg Fündling. 13. Aufl., Stuttgart: Kröner 2008, Seite 131 f.

FRANCIS BACON. *Lebe und lebe wohl* (Titel von den Herausgebern). Aus: *Essays*. Hrsg. und eingel. von Levin L. Schücking, Deutsch von Elisabeth Schücking. © Aufbau Verlag GmbH & Co. KG, Berlin 2017, 2008

HONORÉ DE BALZAC. *Man stirbt auf zwei verschiedene Arten* (Titel von den Herausgebern). Aus: *Vetter Pons*. Deutsch von Otto Flake. Diogenes Verlag, Zürich 1977

HONORÉ DE BALZAC. *Vom Selbstmord* (Titel von den Herausgebern). Aus: *Die tödlichen Wünsche.* Deutsch von Emil Alphons Rheinhardt. Diogenes Verlag, Zürich 1977

GIOVANNI BOCCACCIO. *Girolamo und Salvestra* (Titel von den Herausgebern, eigtl.: *Vierter Tag, achte Geschichte*). Aus: *Der Decamerone. Die Novellen des dritten und vierten Tages.* Deutsch von Heinrich Conrad. Diogenes Verlag, Zürich 1984

BERTOLT BRECHT. *Gegen Verführung.* Aus: *Werke. Große kommentierte Berliner und Frankfurter Ausgabe. Bd. 11:* Gedichte 1. © Bertolt-Brecht-Erben Suhrkamp Verlag, 1988

WILHELM BUSCH. *Und dann kommt der Tod herbei / Der letzte Streich* (Titel von den Herausgebern). Aus: *Max und Moritz.* Diogenes Verlag, Zürich 1974

CALDERÓN DE LA BARCA. *Das Leben ein Traum.* Aus: *Das Leben ein Traum.* In: *Dramen.* Übertragung der weltlichen Schauspiele von Johann Diederich Gries und der geistlichen Schauspiele von Joseph von Eichendorff, mit einem Nachwort von Edmund Schramm. Winkler Verlag, München 1963

ANTON ČECHOV. *Der Tod des Beamten.* Deutsch von Peter Urban. Aus: *Tintenfass Nr. 25. Alles wird komplizierter.* Hrsg. von Daniel Kampa und Winfried Stephan. Diogenes Verlag, Zürich 2001

MARCUS TULLIUS CICERO. *Scipios Traum.* Aus: *Vom Gemeinwesen.* Lateinisch und deutsch, eingel. und neu übertr. von Karl Büchner. Artemis Verlag, Zürich 1960

MATTHIAS CLAUDIUS. *Der Tod und das Mädchen.* Aus: *Sämtliche Werke.* Winkler Verlag, München 1968

DANTE ALIGHIERI. *Der Eingang bin ich zu der Stadt der Trauer.* Aus: *Die göttliche Komödie.* Deutsch von Philalethes. Diogenes Verlag, Zürich 1991

FRIEDRICH DÜRRENMATT. *Begegnungen.* Aus: *Turmbau. Stoffe* IV–IX. Diogenes Verlag, Zürich 1990

JOSEPH VON EICHENDORFF. *Der Umkehrende.* Aus: *Sämtliche Werke des Freiherrn Joseph von Eichendorff.* Bd. 1 (*Gedichte. Erster Teil. Text*). Hrsg. von Harry Fröhlich und Ursula Regener. Kohlhammer, Stuttgart 1993

EPIKUR. *Aus einem Brief an Menoikeus.* Aus: *Über das Glück.* Aus dem Altgriechischen und hrsg. von Séverine Gindro und David Vitali. Diogenes Verlag, Zürich 1995

ERASMUS VON ROTTERDAM. *Wanderer sind wir in dieser Welt* (Titel von den Herausgebern, eigtl.: *Von der Vorbereitung zum Tode*). Aus: *Ars moriendi. Die Kunst, gut zu leben und gut zu sterben. Texte von Cicero bis Luther.* Hrsg., eingel. und übersetzt von Jacques Laager. © Manesse Verlag, Zürich 1996

JOHANN WOLFGANG VON GOETHE. *Ein Gleiches.* Aus: *Sämtliche Gedichte in zeitlicher Folge.* Hrsg. von Heinz Nicolai. Insel Verlag, Frankfurt am Main 1992

JOHANN WOLFGANG VON GOETHE. *Erlkönig.* Aus: *Sämtliche Gedichte in zeitlicher Folge.* Hrsg. von Heinz Nicolai. Insel Verlag, Frankfurt am Main 1992

JOHANN WOLFGANG VON GOETHE. *Selige Sehnsucht.* Aus: *West-östlicher Divan.* Besorgt von Hans-J. Weitz. Insel Verlag, Frankfurt am Main 1972

BRÜDER GRIMM. *Der Gevatter Tod.* Aus: *Märchen der Brüder Grimm.* Ausgewählt und illustriert von Maurice Sendak. Diogenes Verlag, Zürich 1985

FRIEDRICH HEBBEL. *Sommerbild.* Aus: *Werke. Bd. 3: Gedichte.* Hrsg. von Gerhard Fricke, Werner Keller und Karl Pörnbacher. München, Hanser Verlag 1965

HEINRICH HEINE. *Epilog.* Aus: *Gedichte.* Ausgewählt und eingeleitet von Ludwig Marcuse. Diogenes Verlag, Zürich 1977

HEINRICH HEINE. *Es kommt der Tod – jetzt will ich sagen.* Aus: *Gedichte.* Ausgewählt und eingeleitet von Ludwig Marcuse. Diogenes Verlag, Zürich 1977

HEINRICH HEINE. *Ich weiß nicht, was soll es bedeuten.* Aus: *Gedichte.* Ausgewählt und eingeleitet von Ludwig Marcuse. Diogenes Verlag, Zürich 1977

HERMANN HESSE. *Im Nebel.* Aus: *Sämtliche Werke in 20 Bänden.* Herausgegeben von Volker Michels. Bd. 10: *Die Gedichte.* © Suhrkamp Verlag Frankfurt am Main 2002. Alle Rechte bei und vorbehalten durch Suhrkamp Verlag Berlin

PATRICIA HIGHSMITH. *Bäume* (Titel von den Herausgebern). Aus: Notizbuch aus dem Nachlass der Autorin, Schweizerisches Literaturarchiv, Bern

HEINRICH HOFFMANN. *Die gar traurige Geschichte mit dem Feuerzeug.* Aus: *Der Struwwelpeter oder lustige Geschichten und drollige Bilder.* Diogenes Verlag, Zürich 1977

FRIEDRICH HÖLDERLIN. *Stammbuchblatt für einen Unbekannten.* Aus: *Sämtliche Werke.* Hrsg. von Friedrich Beißner. Bd. 2. Insel Verlag, Frankfurt am Main 1965

HOMER. *Odyssee.* Aus: *Odyssee.* Deutsch von Johann Heinrich Voß, hrsg. von Peter Von der Mühll, mit einem Nachwort von Egon Friedell. Diogenes Verlag, Zürich 1980

HORAZ. *Kürze des Lebens / Nütze den Tag.* Aus: Fritz Enderlin. *Horaz. Oden in Auswahl.* Nachdichtungen mit dem lateinischen Original. Tschudy-Verlag, St. Gallen 1960

VICTOR HUGO. *Der letzte Tag eines Verurteilten.* Aus: *Der letzte Tag eines Verurteilten.* Deutsch von W. Scheu. Diogenes Verlag, Zürich 1984

JEAN PAUL (JOHANN PAUL FRIEDRICH RICHTER). *Der Tod, diese erhabene Abendröte* (Titel von den Herausgebern). Aus: *Sämtliche Werke.* Hrsg. von Norbert Miller, Nachwort von Walter Höllerer. Hanser Verlag, München; Wien 1975 ff.

GOTTFRIED KELLER. *Dir will ich mich vertrauen* (Titel von den Herausgebern, eigtl.: *Wetternacht*). Aus: *Gottfried Kellers Werke (Zürcher Ausgabe). Bd.* VIII: *Gedichte. Der Apotheker von Chamonix.* Hrsg. von Gustav Steiner. Diogenes Verlag, Zürich 1978

SÖREN KIERKEGAARD. *Die Verwandtschaft des Todes* (Titel von den Herausgebern, eigtl.: *Der Liebe Tun, eines Verstorbenen zu gedenken*). Aus: *Der Liebe Tun.* Deutsch von Hayo Gerdes. (*Gesammelte Werke und Tagebücher.* Hrsg. von E. Hirsch, H. Gerdes und H. M. Junghans. 19 Abt.) Grevenberg Verlag Dr. Ruff & Co. OHG, Simmerath 2003

HEINRICH VON KLEIST. *Brief an Ulrike von Kleist.* Aus: *Sämtliche Werke und Briefe. Bd. 2.* Hrsg. von Helmut Sembdner. Hanser Verlag, 9., vermehrte und rev. Aufl., München 1990

JEAN DE LA FONTAINE. *Der Tod und der Holzfäller.* Aus: *Sämtliche Fabeln.* Deutsch von Ernst Dohm und Gustav Fabricius. Artemis & Winkler Verlag, 2. Aufl., München 1992

NIKOLAUS LENAU. *An meine Rose.* Aus: *Sämtliche Werke und Briefe.* Bd. 1. Insel Verlag, Frankfurt am Main 1971

GOTTHOLD EPHRAIM LESSING. *Trinklied* (Titel von den Herausgebern). Aus: *Lessings sämmtliche lyrische, epische und dramatische Werke und seine vorzüglichen Prosaschriften.* Verlag von Karl Prochaska, Dresden o. J.

GEORG CHRISTOPH LICHTENBERG. *Der Wert des Nichtseins* (Titel von den Herausgebern). Aus: *Aphorismen. Schriften. Briefe.* Hrsg. von Wolfgang Promies in Zus. mit Barbara Promies. Carl Hanser Verlag, München / Wien 1974

LUKIAN. *Charon oder Die Weltbeschauer.* Aus: *Sämtliche Werke.* 2. Bd. Deutsch von C. M. Wieland, bearb. und erg. von Hanns Floerke. Propyläen Verlag, Berlin 1922

MARTIN LUTHER. *Wir sind alle zum Tode gefordert* (Titel von den Herausgebern). Aus: *Invocavit Predigt, 9.3.1522.* Weimarer Ausgabe der Schriften Martin Luthers, Abt. 1, Bd. 10/3. Hermann Böhlau Nachfolger, Weimar 1905

THOMAS MANN. *Der Tod in Venedig.* In: *Gesammelte Werke in dreizehn Bänden.* Band VIII. Erzählungen. © S. Fischer Verlag GmbH, Frankfurt am Main, 1960, 1974

LUDWIG MARCUSE. *Vielleicht ist die wesentlichste Geschichte …* Aus: *Denken mit Ludwig Marcuse. Ein Wörterbuch für Zeitgenossen.* Diogenes Verlag, Zürich 1984

CARSON MCCULLERS. *Der Tod bleibt sich immer gleich … / Uhr ohne Zeiger.* Aus: *Uhr ohne Zeiger.* Deutsch von Elisabeth Schnack. Diogenes Verlag, Zürich 1962

MOLIÈRE. *Arzt wider Willen.* Aus: *Der Arzt wider Willen.* In: *Don Juan oder Der steinerne Gast / Die Lästigen / Der Arzt wider Willen. Komödien IV.* Deutsch von Hans Weigel. Diogenes Verlag, Zürich 1975

MICHEL DE MONTAIGNE. *Philosophieren heißt sterben lernen.* Aus: *Essais in 3 Bänden.* Bd. 1. Nach der Ausgabe von Pierre Coste ins Deutsche übers. von Johann Daniel Tietz. Diogenes Verlag, Zürich 1992

WOLFGANG AMADEUS MOZART. *Brief an den Vater.* Aus: *Briefe.* Diogenes Verlag, Zürich 1982

SŁAWOMIR MROŻEK. *Die Beerdigung.* Aus: *Der Perverse und andere Geschichten.* Deutsch von Christa Vogel. Diogenes Verlag, Zürich 1995

FRIEDRICH NIETZSCHE. *Komödie der Eitelkeit* (Titel von den Herausgebern). Aus: *Werke in 2 Bänden.* Ausgewählt und eingeleitet von August Messer. Alfred Kröner Verlag, Stuttgart o. J.

NOVALIS. *Sehnsucht nach dem Tode.* Aus: *Gedichte.* Insel Verlag, Frankfurt am Main, 2. Aufl. 1996

GEORGE ORWELL. *Einen Mann hängen.* Aus: *Einen Mann*

hängen (A Hanging). In: *Meistererzählungen*. Ausgewählt von Christian Strich. Deutsch von Felix Gasberra. Diogenes Verlag, Zürich 1991

BLAISE PASCAL. *Von der Zerstreuung* (Titel von den Herausgebern). Aus: *Gedanken. Über die Religion und über einige andere Gegenstände*. Deutsch von Ewald Wasmuth. Verlag Lambert Schneider, Heidelberg, 8. Aufl. 1978

PAULUS. *Sieg über den Tod* (Titel von den Herausgebern, eigtl.: *Verwandlung der Gläubigen und Sieg über den Tod*). Aus: *Die Bibel. Neues Testament, Der erste Brief des Paulus an die Korinther 15.51–15.58.* Lutherbibel Standardausgabe. Deutsche Bibelgesellschaft, Stuttgart 1985

FRANCESCO PETRARCA. *Wie neid ich dir*. Aus: *Canzoniere*. Nach einer Interlinearübers. von Geraldine Gabor; in deutsche Verse gebracht von Ernst-Jürgen Dreyer. 2. Aufl. 1990. © Stroemfeld Verlag, Frankfurt / Basel

PLATON. *Die Apologie des Sokrates*. Aus: *Die Apologie des Sokrates*. Deutsch von Matthias Claudius, hrsg. von Bruno Snell. Schröder Verlag, Hamburg 1947

PLUTARCH. *Trostbrief an die Gattin. Plutarch wünscht seiner Gattin alles Gute*. Aus: *Die Kunst zu leben*. Aus dem Griechischen und ausgewählt von Marion Giebel. S. 109–120 © der deutschen Übersetzung: Insel Verlag, Frankfurt 2000. Alle Rechte bei und vorbehalten durch Insel Verlag Berlin

EDGAR ALLAN POE. *Die Maske des Roten Todes*. Aus: *Die Maske des Roten Todes und andere phantastische Fahrten*. Deutsch von Gisela Etzel. Diogenes Verlag, Zürich 1984

RAINER MARIA RILKE. *Schlussstück*. Aus: *Die schönsten Gedichte von Rainer Maria Rilke*. Ausgewählt von Franz Sutter, mit einem Nachwort von Stefan Zweig. Diogenes Verlag, Zürich 1997

JOACHIM RINGELNATZ. *So ist es uns ergangen*. Aus: *Sämtliche Gedichte*. Diogenes Verlag, Zürich 1997

PREDIGER SALOMO. *Alles hat seine Zeit*. Aus: *Die Bibel. Altes Testament, Der Prediger Salomo (Kohelet) 3.1–3.12*. Lutherbibel Standardausgabe. Deutsche Bibelgesellschaft, Stuttgart 1985

PREDIGER SALOMO. *Alles Irdische ist eitel*. Aus: *Die Bibel. Altes Testament, Der Prediger Salomo (Kohelet) 1.2–1.11*. Lutherbibel Standardausgabe. Deutsche Bibelgesellschaft, Stuttgart 1985

PREDIGER SALOMO. *Vergänglichkeit des Menschen*. Aus: *Die Bibel. Altes Testament, Der Prediger Salomo (Kohelet) 3.19–3.22*. Lutherbibel Standardausgabe. Deutsche Bibelgesellschaft, Stuttgart 1985

SAPPHO. *Hingestorben wirst du liegen*. Aus: *Die schönsten Gedichte von Sappho*. Altgriechisch-deutsch, hrsg. und übertr. von Kurt Steinmann, mit einem Vorwort von Simone Frieling. Diogenes Verlag, Zürich 2002

FRIEDRICH SCHILLER. *Rasch tritt der Tod den Menschen an* (Titel von den Herausgebern). Aus: *Wilhelm Tell*. In: *Sämtliche Werke. Bd. 2: Dramen 2*. Hrsg. von Gerhard Fricke und Herbert G. Göpfert. Hanser Verlag, München 1959

ARTHUR SCHOPENHAUER. *Die Unzerstörbarkeit unseres Wesens* (Titel von den Herausgebern). Aus: *Die Welt als Wille und Vorstellung. 2. Bd., 2. Teilbd. (Zürcher Ausgabe, Werke in zehn Bänden, Bd. 4)*. Diogenes Verlag, Zürich 1977

SENECA. *Bereite dich auf den Tod vor / Ich bin marschbereit* (Titel von den Herausgebern). Aus: *Mächtiger als das Schicksal. Ein Brevier*. Hrsg. und aus dem Latein. übertr. von Wolfgang Schumacher. © Aufbau Verlag GmbH & Co. KG, Berlin 2017, 2008

WILLIAM SHAKESPEARE. *Sein oder Nichtsein* (Titel von den Herausgebern). Aus: *Hamlet*. In: *Romeo und Julia, Hamlet, Othello*. Deutsch von A. W. v. Schlegel und L. Tieck. Diogenes Verlag, Zürich 1979

WILLIAM SHAKESPEARE. *Wärst du dein eigen* (XIII. *Sonett*). Deutsch von Max J. Wolff. Aus: *Shakespeares Sonette*. B. Behr's Verlag, Berlin 1903

ANGELUS SILESIUS. *Sinnliche Beschreibung der vier letzten Dinge, der Tod.* Aus: *Sinnliche Beschreibung der vier letzten Dinge.* Theatiner Verlag, München 1924

GEORGES SIMENON. *Brief an meine Mutter.* © 2017 by Kampa Verlag AG Zürich für die deutschen Rechte, © 1974 by Georges Simenon Ltd./GEORGES SIMENON® All rights reserved

THEODOR STORM. *Einer Toten.* Aus: *Gesammelte Werke.* Bd. 1. Hrsg. von Gottfried Honnefelder. Insel Verlag, Frankfurt am Main 1983

PATRICK SÜSKIND. *Die Geschichte von Herrn Sommer.* Aus: *Die Geschichte von Herrn Sommer.* Diogenes Verlag, Zürich 1991

LEO TOLSTOI. *Der Tod des Iwan Iljitsch.* Aus: *Meistererzählungen.* Deutsch von Arthur Luther. Diogenes Verlag, Zürich 1989

LEO TOLSTOI. *Krieg und Frieden.* Aus: *Krieg und Frieden.* Bd. III. Deutsch von Erich Boehme. Diogenes Verlag, Zürich 1991

VERGIL. *Aeneis.* Aus: *Aeneis.* Deutsch von Ludwig Hertel. Propyläen Verlag, Berlin o. J.

FRANÇOIS VILLON. *Grabschrift* (Titel von den Herausgebern). Aus: *Balladen.* Ins Deutsche übertragen und mit einem Nachwort versehen von K. L. Ammer. © Aufbau Verlag GmbH & Co. KG, Berlin 2017, 2008

VOLTAIRE. *Aus einem Brief an Friedrich den Großen.* Aus: *Aus dem Briefwechsel Voltaire – Friedrich der Große.* (Brief vom 12. Oktober 1770). Hrsg., vorgest. und übers. von Hans Pleschinski. © Carl Hanser Verlag München

WALTHER VON DER VOGELWEIDE. *Blumen und wilder Klee.* Aus: *Liebsgetön.* Minnelieder frei übertragen von Karl Bernhard, mit einem Nachwort von Walter Muschg. Diogenes Verlag, Zürich 1985

URS WIDMER. *Die heiteren Toten.* Aus: *Das Geld, die Arbeit, die Angst, das Glück.* Diogenes Verlag, Zürich 2002

OSCAR WILDE. *Die Ballade vom Zuchthaus zu Reading.* Aus: *De profundis sowie Die Ballade vom Zuchthaus zu Reading.* Deutsch von Otto Hauser. Diogenes Verlag, Zürich 1987

LEON DE WINTER. *Der Tod existiert nicht* (Titel von den Herausgebern, eigtl. *Die Hände meiner Mutter*). Aus: *Die Welt am Sonntag,* 24. Juni 2001, Nr. 25

Allen Autoren, Verlagen und Agenturen sei für die Abdruckerlaubnis herzlich gedankt. Falls Rechteinhaber versehentlich nicht aufgeführt sind, ist der Verlag bereit, nach Meldung auf berechtigte Ansprüche einzugehen.